CONSTITUTIONES ET REGULA

Konstitisyon ak Règleman Pou Etabli Yon Gwoup Priyè Renouvo Karismatik Divin Mizerikòd

Didier Moïse

Palm Focus Books

4

CONSTITUTIONES ET REGULA

Pou Jacqueline

« O San ak Dlo ki te koule sot nan Kè Jezi kòm sous mizerikòd pou nou, mwen gen konfyans nan Nou » (Jounal, 187). [1]

✠

« Papa, ou menm ki apa, pwoteje yo pa pouvwa non ou, menm non ou te ban mwen an, pou yo ka fè yon sèl, menm jan ou fè yon sèl avèk mwen » Jan 17 : 11b. [2]

✠

PREAMBULUM

Depi nan kòmansman Bondye te kreye nou lib. Li te ban nou tout sa n' te bezwen pou nou te kapab viv nan inite ak Li, epi pou n' te kab viv byen. Men se nou ki te vire do bay Bondye. Nou te mete tèt nou nan fènwa, nou te kite peche pran tèt nou. Lè sa a, Bondye te kab voye nou jete, Li te kab bliye nou. Men Bondye tèlman gen kè sansib, nan konpasyon Li, nan divin mizerikòd Li ; Li te voye Lanmou li vin' tounen moun pou n' te kab sove. Li te bay pwofèt Ansyen Kontra yo anonse nou sovè sa a. Se yon pwomès Bondye te kenbe paske pwomès se dèt. Konsa, Bondye te kreye yon ti fanm tou senp ke yo te rele Mari. Ti fi sa a te kreye kòm yon moul ki san defo dekwa pou sovè nou an Jezi te kapab vin' tounen yon moun san defo. Men sa pat kab reyalize san patipasyon aktif Espri Sen an. Akòz Li, Mari te vini ansent malgre ti fi a pat janm nan relasyon ak okenn gason. Alò, Bondye Li menm pat ban nou yon Sovè sèlman, men li te ban nou yon Manman tou. Jezi vini nan mitan nou pou L' te kapab kase tout kòd peche konsa lè nou aksepte Li, n'a va sove. Prezans Jezi toujou aktyalize nan reyalite Etènèl kò ak san li ke l' te kite nan mitan nou gras ak lanmou Jezi genyen pou nou. Legliz la se kò sa a, se sak' fè nou rete soude ak Li kòm kretyen.

Men, malgre bèl kado sa a ke nou pat menm merite, nou pat rete fidèl ak ansèyman Bondye ki kontinye ekziste nan Legliz Li a. Nou te kontinye youn ap' touye lòt, ap' fè tout kalite gwo krim youn kont lòt. Nou tonbe fè lagè youn ak lòt. Pitit Bondye ap' kontinye touye lòt pitit Bondye. Kidonk frè ap' touye frè epi sè ap' touye sè. Malgre sa, Bondye kontinye renmen nou. Epi, pou nou kapab plis konprann lanmou sa a, Li te ban nou yon apot modèn ki pou revele yon fason espesyal Divin Mizerikòd li a. Bondye te fè Sent Faustyna konnen ke li pat vle fè kòlè ak nou paske Li vle pou nou chanje, Li vle pou nou kase tèt tounen vin' jwenn Li, konsa la montre nou Kè Mizerikòd li a. Sent Faustyna te gen kòm misyon : (1) Pou l' fè pèp Bondye a sonje verite lafwa nou ki te revele nan Bib la, lafwa sa a ki se lanmou Bondye genyen pou chak moun, san eksepsyon, menm si moun sa a se pi gwo pechè sou latè ; (2) Pou l' montre pèp Bondye a nouvo fòm devosyon Divin Mizerikòd la ; epi, (3) Pou l' mete sou pye yon gran mouvman kretyen ki devwe ak anpil apot Divin Mizerikòd ki gen pou yo mennen pèp Bondye a nan direksyon renouvèlman vi kretyen yo nan lespri devosyon sa a, ki vle di, nan yon lespri evanjelik ki soude sou yon konfyans san-pou-san nan Bondye ak nan lanmou aktif youn pou lòt. Se menm misyon sa a nou menm nou genyen nan gwoup priyè renouvo karismatik nan pawas nou an. Se sa ki fè nou bay tèt nou non « Gwoup Priyè Renouvo Karismatik *Divin Mizerikòd* ».

CHAPIT A

KISA GWOUP LA YE?

ATIK 1 : NON GWOUP LA

Non ofisyèl gwoup la se : « Gwoup Priyè Renouvo Karismatik *Divin Mizerikòd* ». Okenn dekrè, okenn nouvo règleman, okenn desizyon pa kab chanje sa.

ATIK 2 : SYÈJ GWOUP LA

Nan Pawas ak Dyosèz oubyen Achidyosèz kote gwoup la etabli li.

ATIK 3 : PATWÒN GWOUP LA

Patwòn gwoup la se Sent Maria Faustyna Kowalska, apot Divin Mizerikòd. Okenn dekrè, okenn nouvo règleman, okenn desizyon pa kab chanje sa.

ATIK 4 : MISYON GWOUP LA

Misyon gwoup la prèske idantik ak misyon Jezi te konfye Sent Faustyna a. Misyon sa a se : (1) Pou fè pèp Bondye a sonje verite lafwa nou ki te revele nan Bib la, lafwa sa a ki se lanmou Bondye genyen pou chak moun, san eksepsyon, menm si moun sa a se pi gwo pechè sou latè ; (2) Pou montre pèp Bondye a nouvo fòm devosyon Divin Mizerikòd la ; epi, (3) Pou mete sou pye yon gran mouvman kretyen ki devwe ak anpil apot Divin Mizerikòd ki gen pou yo mennen pèp Bondye a nan direksyon renouvèlman vi kretyen yo nan lespri devosyon sa a, ki vle di, nan yon lespri evanjelik ki soude sou yon konfyans san-pou-san nan Bondye ak nan lanmou aktif youn pou lòt.

ATIK 5 : NANNAN DEVOSYON DIVIN MIZERIKÒD LA

I.   **Konfyans** vle di konpòtman ak atitid nou fas ak Bondye. Se konfyans ki soude esperans ansanm ak tout gras lafwa solid nan imilite, nan pèseverans, epi nan repanti nou repanti pou tout peche nou yo. Donk, se atitid yon timoun ki gen yon konfyans san limit nan lanmou mizèrikòd Papa li Bondye Gran Mèt la nan kèlkanswa sikonstans lavi a.

Konfyans sa a tèlman fonn ak nannan devosyon Divin Mizerikòd la ke san li menm, devosyon sa a pa kab ekziste. Se sa ki fè, depi atitid konfyans total-kapital sa a ekziste (menm si pa gen pratik okenn lòt devosyon), moun sa a deja gen lafwa ki kab fè tout gras mizerikòd Bondye yo posib nan lavi li. Se sa Jezi te pwomèt Sent Faustyna : « *Mwen vle bay tout nanm ki gen Konfyans nan Mwen yon ekip gras ke moun pap menm kab imajine* » *(Jounal, 687).*

Konfyans se pa sèlman esans oubyen nanan devosyon sa a, men li se kondisyon pou yon moun kapab jwenn gras. Jezi te di Sent Faustyna, « *Gras Mizerikòd mwen yo kapab koule nan yon sèl kanal—kanal sa a se Konfyans. Plis yon nanm gen konfyans, plis l'ap' jwenn kichòy nan men mwen* » *(Jounal, 1578).*

II.   **Mizerikòd** vle di konpòtman ak atitid nou fas ak lòt moun. Jezi te di Sent Faustyna : « *Mwen ekzije ou poze yon seri aksyon mizerikòd ki pou koule sòti nan lanmou ou gen pou mwen. Se ou ki pou tounen temwen aksyon mizerikòd pou lòt yo, tout tan epi tout kote. Ou pa*

11

kapab wete kò ou, ou pa kab eskize tèt ou, oubyen jistifye tèt ou. Mwen ba ou 3 fason pou kab fè travay mizerikòd la pou pwochen ou yo : premye a – aksyon, dezyèm lan – pawòl, twazyèm lan – lapriyè. Genyen mizerikòd san mank nan chak degre sèvis sa yo ; epi tou se la m'a' wè prèv lanmou ke ou gen pou mwen an. Nan aksyon sa yo, yon nanm va glorifye, epi onore Mizerikòd mwen an » *(Jounal, 742).*

Atitid lanmou youn pou lòt sa a se yon kondisyon pou nou resevwa gras Bondye Gran Mèt nou an. Jezi te fè Sent Faustyna sonje pawòl Levanjil la lè li te di l' : « *Si yon nanm pa fè okenn nan akt mizerikòd yo nan yon fason oubyen yon lòt, li pap resevwa Mizerikòd pa m' lan jou jijman li* » *(Jounal, 1317).*

Jezi vle pou tout moun k'ap' adore L', fè omwen youn nan travay mizerikòd sa yo chak jou. « *Se kè mwen ki se Sous Mizerikòd la menm. Gras yo ap koule sot nan Sous sa a pou y'al' gaye toupatou sou fas tè a. Pa gen okenn nanm ki parèt devan m' epi ki retounen san konsolasyon* » *(Jounal, 1777).*

ATIK 6 : SENBÒL OFISYÈL GWOUP LA

Imaj Divin Mizerikòd la se senbòl ofisyèl Gwoup la, okenn dekrè, okenn nouvo règleman, okenn desizyon pa kab chanje sa osinon fè Imaj Divin Mizerikòd la pa rete kòm senbòl ofisyèl gwoup la. Imaj Divin Mizerikòd la sòti nan yon vizyon ke Sent Faustyna te fè pandan li te lavil Plòk (nan peyi Polòn) jou ki te 22 fevriye 1931. Nan vizyon sa a, Jezi fè l' konnen dezi Li pou yo fè yon tablo imaj sa a avèk mo sa yo siyen anba li: Jezi, mwen gen konfyans nan Ou !

Imaj la reprezante Jezi ki leve byen vivan kote men ak pye li genyen mak yo te kloure L' sou kwa a. Nan kote Kè Li te pèse a, ki pa parèt vizib nan imaj la, genyen de reyon k'ap' sòti la : youn wouj epi youn pal. Lè Sent Faustyna te mande sa reyon sa yo vle di, Jezi te reponn li : « De reyon sa yo montre Dlo ak San. Reyon pal la vle di Dlo ki fè nanm yo vin' dwat devan Bondye. Reyon wouj la se San ki se lavi nanm yo...Toulède reyon sa yo sòti nan zantray Mizerikòd mwen an menm lò ke kè mwen te louvri ak yon kout lans pandan m' tap' soufri sou kwa a» (Jounal, 299).

Donk, imaj sa a montre gwo kokennchenn mizerikòd Bondye ki te revele ban nou nan Mistè Pak Kris la. Bondye manisfeste mistè sa a nan Legliz la nan yon fason ki pi efikas toujou nan Sen Sakreman. Wòl imaj sa a sèvi kòm yon kwi pou ranmase gras Bondye ban nou kap koule sot nan kè Jezi Kri. Lòt wòl imaj Divin Mizerikòd la se pou sèvi kòm yon siy ki pou fè tout fas tè a sonje ke yo bezwen gen konfyans nan Bondye epi yo oblije gen mizerikòd youn pou lòt si yo bezwen Bondye gen mizerikòd pou yo. Se sa ki fè imaj sa a siyen : « Jezi, mwen gen konfyans nan Ou ! ». Se Jezi menm ki di ke imaj sa a « dwe fè yo sonje ekzijans mizerikòd mwen an, paske menm sa ki gen pi gwo lafwa yo pap anyen si yo pa rann lòt sèvis » (Jounal, 742).

ATIK 7 : AKT KONFYANS NAN DIVIN MEZERIKÒD LA [3]

« O Jezi, ou menm ki plen ak mizerikòd, bonte ou san limit epi richès gras ou yo pap janm fini. Mwen remèt tèt mwen totalman nan mizerikòd ou a ki pi wo pase tout bagay. Mwen konsakre tèt mwen san-pou-san ak ou, epi san okenn rezèvasyon ; konsa, m'a kapab viv epi m'a kab mache sou wout pèfeksyon ou mete pou kretyen yo.

Mwen vle gaye tout bon vre mizerikòd ou a nan fè travay mizerikòd pou kò a ak lespri a, nan chèche m'ap' chèche konvèti moun ki nan peche yo, epi soulaje moun ki nan bezwen, moun ki malad yo, ansanm ak moun ki nan lapèn.

Tanpri, voye je sou mwen Jezi, paske se pou ou sèl ke mwen ye. Epi si pafwa mwen ta rive tranble akòz mwen pè feblès mwen yo ; tanpri, fè m' sonje ke mwen gen yon konfyans san limit nan mizerikòd ou. Se pou tout moun konnen nan tan k'ap' vini yo gwo kokennchenn mizerikòd sa a, pou yo gen konfyans nan li, epi pou yo fè lwanj pou li pou tout tan k' gen tan. Amèn».

ATIK 8 : FÈT GWOUP LA

Nou fete fèt gwoup la chak premye Dimanch apre Fèt Pak ki se Fèt Divin Mizerikòd la. Se Jezi menm ki te vle gran Fèt sa a fete premye Dimanch apre Pak. Bagay sa a fè nou wè ke gen yon rapò sere-sere ant Fèt Divin Mizerikòd la ak Fèt Pak la.

Fèt sa a se pa yon jou sèlman li ye ki la apa pou yon grenn sèvis mizerikòd Bondye, men se yon demach spirityèl dekwa pou jou Fèt la kab vini yon jou gras pou tout moun alaronnbadè epi espesyalman pou tout moun kab viv nan gwo peche toujou.

Se sa ki fè fòk tout moun nan gwoup la pran preparasyon spirityèl pou Fèt Divin Mizerikòd la trè oserye.

ATIK 9 : PREPARASYON SPIRITYÈL POU FÈT DIVIN MIZERIKÒD LA

I.   **Sakreman Rekonsilyasyon (konfesyon)** : omwen 1 fwa pa mwa epi nan semèn avan fèt la.

II.   **Priyè Kontanplatif** : 30 minit minimòm pa jou regilyèman.

III.   **Lectio Divina**: souvan, men omwen 3 fwa pa semèn. (Gade paj 93 pou plis eksplikasyon).

14

IV. **Jèn Dènye Vandredi Anvan Fèt la** : se obligasyon tout manb Komite Soutyen alaronnbadè. Sèl eksepsyon se pou moun ki malad. Li rekòmande pou tout manb gwoup priyè a fè sa tou.

V. **Nevèn Divin Mizerikòd la** (kòmanse Vandredi Sen) : obligatwa pou tout moun nan gwoup la. Si posib, tout gwoup la sipoze reyini pou nevèn nan.

VI. **Kominyon** : kominyen souvan, men kòrèkteman. Se pou nou pran ekzanp Sent Faustyna. Li te ekri : « *Moman ki pi solanèl nan vi mwen se moman mwen resevwa kominyon* » (Jounal, 1804).

ATIK 10 : CHAPLÈ DIVIN MIZERIKÒD LA

Chaplè Divin Mizerikòd la kab fèt ak chaplè regilyè. Li rekòmande pou manb gwoup la fè priyè sa a souvan. Si li posib, anvan chak reyinyon Komite Soutyen an oubyen kenpòt lòt reyinyon Ekip yo, li ta bon pou manb yo fè priyè sa a ansanm.

Chaplè a:

Papa Nou :

V. Papa nou ki nan syèl la, se pou yo respekte non ou, se pou yo rekonèt se ou ki rwa, se pou volonte ou fèt sou tè a tankou nan syèl la.

R. Pen nou bezwen chak jou a, ban nou li jodi a. Padonnen sa nou fè ou tankou nou padonnen moun ki fè nou kichòy. Pa kite nou pran nan pyèj, men delivre nou ak sa ki mal. Amèn.

15

Mari Se Pou Ou Kontan :

V. Mari se pou ou kontan ou menm ki plen favè. Gran Mèt la avèk ou. Li beni ou pase tout fi e Li beni Jezi, pitit ou fè a.

R. Mari ou Sen, ou se manman Bondye, nou se pechè. Lapriyè pou nou jodi a ak lè nou prèt pou nou mouri. Amèn.

Kredo Apot Yo :

V. Mwen kwè nan Bondye, Papa a ki gen tout pouvwa. Li kreye syèl la ak tè a. Mwen kwè nan Jezi Kri, sèl Pitit Papa a, Li se Gran Mèt nou an. Se pa pouvwa Espri Sen an kò Li vin' fèt nan vant Mari ki vyèj e Li tounen yon moun. Li soufri sou renyn Pons Pilat, yo kloure L' sou kwa a, Li mouri e yo antere Li. Li desann kote mò yo te ye a. Sou twazyèm jou Li leve byen vivan sot nan pami mò yo. Li monte nan syèl la e Li chita adwat Papa a ki gen tout pouvwa. Li gen pou L' retounen pou jije ni moun k'ap' viv, ni moun ki mouri.

R. Mwen kwè nan Espri Sen an. Mwen kwè Legliz la Sen e li la pou tout moun. Mwen kwè tout byen zanmi Bondye yo fè, sèvi lòt yo. Mwen kwè peche yo va jwenn padon. Mwen kwè kò moun ki mouri yo va leve byen vivan. Mwen kwè nan lavi ki pap janm fini an. Amèn.

Nan plas PAPA NOU yo, di pawòl sa yo :

V. Pè Etènèl, mwen ofri Ou Kò ak San, Nanm ak Divinite Pitit Ou renmen anpil la, Gran Mèt Nou an Jezi Kri ;

R. Pou reparasyon peche nou yo ak peche tout lòt yo.

Nan plas MARI SE POU OU KONTAN yo, di pawòl sa yo:

V. Akòz Pasyon anmè Li a,

R. Gen mizerikòd pou nou ak pou tout lòt moun yo.

Pou fini, di pawòl sa yo 3 fwa :

V. Bondye Ou menm ki Sen, Ou menm ki Fò, Ou menm ki Etènèl;

R. Gen pitye pou nou ak pou tout lòt moun yo.

ATIK 11 : ESPRI SÈVIS

Tout manb gwoup la zipoze gen yon espri sèvis paske fonksyònman gwoup la depann sou espri sèvis sa a. Pou manb Komite Soutyen yo, sa a se yon obligasyon. Yon manb Komite Soutyen se yon sèvitè li ye pou gwoup la epi se yon ekzanp li ye kòm yon moun kab viv nannan devosyon Divin Mizerikòd la daprè Atik 5 la. Espri Sèvis mache men-nan-men ak espri kolaborasyon. Fòk tout moun ki nan Komite Soutyen yo gen espri travay ak lòt moun.

ATIK 12 : SEMINÈ LAVI NAN ESPRI SEN AN AK RETRÈT ANYÈL

I. **Seminè Lavi Nan Espri Sen** an oblije fèt omwen yon fwa chak ane dekwa pou fòmasyon manb gwoup priyè a kab kontinye regilyèman. *Seminè Lavi Nan Espri Sen* an se sèl fason ke gwoup la kapab grandi. Pwogram Seminè a sipoze varye epi revize chak ane menm si Seminè a fèt plis ke yon fwa nan yon ane.

17

Pwogram Seminè a oblije pase nan Komite Soutyen an pou l' kab apwouve (apre chanjman si nesesè) ak yon vòt majoritè senp, kidonk plis ke mwatye. Se Ekip Fòmasyon an ki responsab mete pwogram Seminè a sou pye. Se yo tou ki responsab tout aspè *Seminè Lavi Nan Espri Sen* an.

II. **Retrèt Anyèl** pou Gwoup la oblije fèt chak ane. Tout manb Komite Soutyen an, san eksepsyon, ak tout manb Ekip Ki Pa Pèmanan yo oblije patisipe nan retrèt la. Men lòt manb Gwoup la kapab patisipe tou sou envitasyon Komite Soutyen an. Se Ekip Fòmasyon an ak Ekip Retrèt la ki responsab òganize Retrèt Anyèl la.

CHAPIT B

STRIKTI AK ÒGANIZASYON

ATIK 13 : KONEKSYON GWOUP LA AK RENOUVO KARISMATIK NAN LEGLIZ LA

Daprè stati *Konsèy Sèvis Entènasyonal Renouvo Karismatik* la ki te apwouve ak yon dekrè *Pontificum Consilium Pro Laicis* (1565/93/ AIC-73) : Mouvman renouvo Karismatik Katolik la se pa yon sèl mouvman inifye ki te gen yon sèl fondatè oubyen yon gwoup fondatè tankou plizyè lòt òganizasyon. Se tout kalite moun nan tout kwen sou latè ki trè divès, ki gen diferan gwoup, diferan aktivite, epi ki pafwa endepandan youn ak lòt men, ki konn genyen tou tout kalite koneksyon youn ak lòt. Malgre sa, se yon mouvman ki dwe soude byen solid ak Legliz la, epi ki fèt pou l' fè yon sèl ak Li paske se sa Jezi Kri mande : se pou nou fè yon sèl (Jn 17 : 21), konsa na va kenbe inite kò Jezi Kri a san pa gen pyès divizyon (1 Kor 12 : 4-31). Nan sans sa a, Gwoup Priyè Renouvo Karismatik *Divin Mizerikòd* soumèt li ak entegrasyon pawasyal, dyosezyen (oubyen achidyosezyen), epi li soude ak strikti karismatik ki lejitim nan dyosèz (oubyen achidyosèz) kote li ye a. Men, *Divin Mizerikòd* se yon gwoup priyè layik (nan pawas kote li etabli a) ki endepandan de tout lòt gwoup yo.

ATIK 14 : STRIKTI GWOUP LA

I. **Manb Jeneral** gwoup la se tout manb pawas kote syèj gwoup la ye a ki toujou vin' patisipe regilyèman nan reyinyon priyè gwoup la ansanm ak lòt aktivite ke gwoup la mete sou pye. Manb jeneral gwoup la kapab fè pati Ekip Ki Pa Pèmanan yo. Yon manb jeneral kab fè pati 2 Ekip Ki Pa Pèmanan alafwa. Men li pa kapab Kowòdinatè oubyen Sou-

19

kowòdinatè tou 2 ekip yo ; anplis, fòk tou 2 ekip yo se Ekip Ki Pa Pèmanan yo ye.

II. **Ekip** yo se tout ti selil ki fòme andedan gwoup la ki gen kòm wòl pou fè gwoup la mache pou pi devan. Chak ekip responsab yon fonksyon oubyen yon gwoup fonksyon an patikilye. Chak ekip oblije gen yon Kowòdinatè ak yon Sou-kowòdinatè. Yon ekip oblije gen landan li 2 manb pou pi piti, menm si se Kowòdinatè a ak Sou-kowòdinatè a sèlman. Genyen 2 kalite ekip : Ekip Pèmanan yo ak Ekip Ki Pa Pèmanan yo. Ekip Pèmanan yo se ekip ke gwoup la pa kapab fonksyone san yo. Ekip Ki Pa Pèmanan yo se tout lòt ekip ki kapab ekziste (daprè Atik 15 § IX-XX) pou yon bout tan byen detèmine, men ki pa pi piti ke 3 semèn.

III. **Komite Soutyen** an se komite ekzekitif gwoup la. Se li sèlman ki kapab pran desizyon ki afekte kenpòt aspè fonksyònman gwoup la. Li menm sèlman ki gen otoritè pou pran desizyon pou gwoup la. Li pran desizyon ak vòt majoritè senp (kidonk, plis ke mwatye) oubyen ak vòt majoritè definitif (kidonk, omwen 2 tyè). Komite Soutyen an fèt pou li genyen omwen 18 manb aktif ladan li ki enkli Kowòdinatè Jeneral la ak Sou-kowòdinatè Jeneral la. Komite Soutyen an pa kapab genyen depase plis ke 27 manb ladan li. Chak manb nan Komite Soutyen an oblije fè pati yon Ekip Pèmanan. Kowòdinatè ak Sou-kowòdinatè chak Ekip Pèmanan yo, Kowòdinatè Jeneral la ak Sou-kowòdinatè Jeneral la, yo tout oblije fè pati aktif Komite Soutyen an. Pa gen pyès moun nan Komite Soutyen an ki gen dwa veto, vòt chak manb nan Komite Soutyen an egalego. Nan ka ke ni Kowòdinatè Jeneral la ak Sou-kowòdinatè Jeneral pa ta la nan reyinyon Komite Soutyen an, fòk Komite Soutyen an vote ak yon vòt majoritè senp (anvan reyinyon an kòmanse) sou ajanda reyinyon an, epi chwazi youn nan Kowòdinatè oubyen Sou-kowòdinatè youn nan Ekip Pèmanan yo ki pou jwe wòl Kowòdinatè Jeneral pou reyinyon sa a sèlman. Konsa tout desizyon ki va pran nan reyinyon sa a va valab depi omwen 2 tyè nan manb Komite Soutyen yo prezan nan reyinyon sa a.

IV. **Manb Komite Soutyen** yo fèt pou sèvi kòm modèl pou tout lòt manb jeneral gwoup la nan fason y'ap' viv lavi kretyen yo ak nan dimansyon spirityèl lavi yo. Manb Komite Soutyen yo oblije patisipe nan tout reyinyon Komite Soutyen yo. Yo oblije sèvi nan ekip ke Komite Soutyen an nome yo a (kit se yon Ekip Pèmanan oubyen yon Ekip Ki Pa Pèmanan). Yo oblije toujou pare pou rann sèvis pou gwoup la ka vanse pou pi devan. Depi yo la nan yon reyinyon, yo oblije vote sou tout desizyon ki vini pou pran. Depi yo la nan reyinyon Komite Soutyen an, nanpwen youn nan manb komite a (kit se Kowòdinatè Jeneral la oubyen Sou-kowòdinatè Jeneral la) kapab chwazi pou li pa vote lè gen yon desizyon vòt ki pou fèt. Se manb Komite Soutyen yo sèlman ki kab fè pati Ekip Pèmanan yo. Yon manb komite soutyen pa kapab Kowòdinate epi pou li Sou-kowòdinatè kenpòt ekip alafwa. Li kab fè pati 2 ekip alafwa ak kondisyon li pa Kowòdinatè oubyen Sou-kowòdinatè tou 2 ekip yo.

V. **Konseye** gwoup la se yon pè, oubyen yon dyak, oubyen tou yon relijye (abe, sè, frè, mè) ki la nan mitan gwoup la kòm konseye prensipal. Konseye a fèt pou li sòti nan pawas kote gwoup la ye, depi sa posib. Konseye a gen dwa pa fè pati pawas la, men fòk pata gen okenn lòt moun ditou-ditou nan pawas la ki kalifye kòm Konseye oubyen ki pa ta vle vini

Konseye gwoup la. Konseye gwoup la gen dwa fè pati Ekip Fòmasyon an, men li pa kapab jwe wòl Kowòdinatè oubyen Sou-kowòdinatè ekip sa a. Konseye a pa kab fè pati pyès lòt ekip ankò, men li ka patisipe nan kenpòt lòt ekip Komite Soutyen an envite l' patisipe.

VI. **Kowòdinatè Jeneral** la se sèvitè prensipal gwoup la. Se sa ki fè li oblije disponib pou l' la nan tout reyinyon, nan tout aktivite, epi nan tout efò gwoup la ap' fè. Se Kowòdinatè Jeneral la ki prezide tout reyinyon Komite Soutyen yo depi li prezan. Se li tou ki prepare ajanda pou chak reyinyon Komite Soutyen an apre konsiltasyon ak Sou-kowòdinatè Jeneral la, epi tou ak tout lòt Kowòdinatè ak Sou-kowòdinatè ekip yo. Ajanda sa a oblije gen yon pati apa ladan li ki rezève yon ti tan apa pou *enterè jeneral*, kote kenpòt manb Komite Soutyen an kapab pale sou yon sijè ki pa nan ajanda a. Natirèlman, Komite Soutyen an kapab fonksyone nòmalman menm si Kowòdinatè Jeneral la oubyen Sou-kowòdinatè Jeneral pa la. Kòm sèvitè prensipal, vòt Kowòdinatè Jeneral la egal ak kenpòt lòt manb Komite Soutyen an. Kowòdinatè Jeneral gwoup la oblije fè pati Ekip Sèvis la, men li pa kapab jwe wòl Kowòdinatè oubyen Sou-kowòdinatè ekip sa a oubyen kenpòt lòt ekip. Kowòdinatè Jeneral la pa kab fè pati pyès lòt ekip ankò, men li ka patisipe nan kenpòt lòt ekip Komite Soutyen an envite l' patisipe.

VII. **Sou-kowòdinatè Jeneral** la se dezyèm sèvitè prensipal gwoup la. Se sa ki fè li oblije disponib pou l' la nan tout reyinyon, nan tout aktivite, epi nan tout efò gwoup la ap' fè. Se Sou-kowòdinatè Jeneral la ki ranplase Kowòdinatè Jeneral la nan ka ke li pa la oubyen nan ka ke li pa kapab ranpli fonksyon li. Nan ka sa yo, Sou-kowòdinatè Jeneral la kapab jwe menm wòl Kowòdinatè Jeneral la kab jwe daprè Atik 14 § VI la. Men, Komite Soutyen an kapab fonksyone nòmalman menm si Soukowòdinatè Jeneral la oubyen Kowòdinatè Jeneral pa la. Kòm dezyèm sèvitè prensipal, vòt Soukowòdinatè Jeneral la egal ak kenpòt lòt vòt manb Komite Soutyen an. Sou-kowòdinatè Jeneral gwoup la oblije fè pati Ekip Sèvis la, men li pa kapab jwe wòl Kowòdinatè oubyen Sou-kowòdinatè ekip sa a oubyen kenpòt lòt ekip. Sou-kowòdinatè Jeneral la pa kab fè pati pyès lòt ekip, men li ka patisipe nan kenpòt lòt ekip Komite Soutyen an envite l' patisipe.

ATIK 15 : EKIP YO

EKIP PÈMANAN YO

I. **Ekip Priyè/Vizitasyon** an responsab tout aktivite priyè andeyò reyinyon priyè nòmal yo. Se ekip sa a ki responsab pou ede gwoup la reponn ak bezwen tout moun ki ta vle gwoup la al' priye lakay yo, oubyen ki bezwen priyè espesyal. Se ekip sa a ki responsab vizite moun malad tou nan ka ke pa gen Ekip Vizit sou pye. Se li tou ki pou kowòdone ak Ekip Vizit la menm lè li sou pye.

II. **Ekip Finans** lan responsab finans ak tout aspè finans gwoup la. Se Kowòdinatè ekip sa a ki jwe wòl trezorye gwoup la. Sou-kowòdinatè ekip sa a jwe wòl sou-trezorye gwoup la. Se nan men Kowòdinatè ak Sou-kowòdinatè ekip sa a ke kès gwoup la ye. Kowòdinatè ak Sou-kowòdinatè Ekip Finans lan, ansanm ak kenpòt lòt manb ekip sa a pa ka depanse anyen nan lajan ki nan kès gwoup la (menm 5 kòb) san ke se pa Komite Soutyen an ki otorize yo. Se sèl Komite Soutyen an epi se li sèlman ak yon vòt majoritè senp ki gen dwa depanse lajan gwoup la. Ekip Finans la oblije bay rapò finans gwoup la omwen yon fwa chak mwa. Ekip sa a responsab bati bidjè gwoup la tou chak ane fiskal yo ki kòmanse Premye Jiyè pou rive Trant Jen. Ekip sa a oblije prezante Bidjè Anyèl Gwoup la bay Komite Soutyen an pa pi ta ke chak 3èm Lendi mwa Janvye. Konsa, Komite Soutyen an va gen chans pou diskite, travay sou Bidjè Anyèl la epi adopte bidjè a pa pi ta ke chak Premye Lendi mwa Mas. Kowòdinatè ak Sou-kowòdinatè Ekip Finans la ta sipoze fè pati konsèy finans pawasyal la.

III. **Ekip Sekretarya** a responsab achiv gwoup la ak so gwoup la. Se ekip sa a ki kenbe tout dosye gwoup la alaronnbadè. Se li ki responsab tout korespondans gwoup la. Se Kowòdinatè ekip sa a ki jwe wòl sekretè jeneral gwoup la. Sou-kowòdinatè ekip sa a jwe wòl sou-sekretè jeneral gwoup la. Se Ekip Sekretarya a ki ekri tout lèt gwoup la bezwen fè, ki responsab tout kominikasyon ak piblikakasyon andedan gwoup la oubyen deyò gwoup la nan ka ke pa gen Ekip Kominikasyon ki sou pye. Menm si piblikasyon ak kominikasyon yo elektwonik, dijital, oubyen nimerik ; tout, se sou kont ekip sa a. Se ekip sa a ki responsab pran nòt nan tout reyinyon Komite Soutyen yo, epi ki pibliye tout rapò reyinyon sa yo bay chak manb Komite Soutyen yo regilyèman. Se ekip sa a tou ki kenbe tout achiv desizyon ki pran ak vòt Komite Soutyen yo. Ekip sa a responsab Bliblyotèk gwoup la nan ka ke pa gen Ekip Biblyotèk sou pye. Se li tou ki kowòdone ak Ekip Biblyotèk la menm lè li sou pye.

IV. **Ekip Sèvis** la responsab akèy nan tout aktivite gwoup la ap' fè. Se li tou ki responsab rann tout kalite sèvis nan gwoup la. Espesyalman sèvis ki mande mete men tankou ranje chèz pou diferan aktivite, ede pote enstriman, ede pote materyo, etc... Se li tou ki ede nan domèn planifikasyon ak transpòtasyon si pa gen Ekip Transpòtasyon ak Ekip Lojistik sou pye. Se Kowòdinatè ekip sa a ki jwe wòl sèvitè jeneral gwoup la. Se Sou-kowòdinatè ekip sa a ki jwe wòl sou-sèvitè jeneral gwoup la. Se ekip sa a tou ki la pou ede nou youn rann lòt sèvis nan gwoup la. Kit se pou rezon kòporèl oubyen rezon spirityèl. Kowòdinatè Jeneral la ak Sou-kowòdinatè Jeneral la oblije fè pati Ekip Sèvis la, men yo pakab jwe wòl Kowòdinatè ak (oubyen) Sou-kowòdinatè ekip sa a.

V.   Ekip Fòmasyon an responsab *Seminè Lavi Nan Espri Sen* an, ekip sa a responsab fòmasyon kontinyèl tout manb yo kit yo Manb Komite Soutyen oubyen Manb Jeneral. Se Ekip Fòmasyon an ki responsab travay ak jèn yo nan gwoup la nan ka ke pa gen Ekip Jèn sou pye. Se li tou ki pou kowòdone ak Ekip Jèn lan menm lè li sou pye. Ekip Fòmansyon responsab pou ede Ekip Retrèt la òganize retrèt pou gwoup la, epi li oblije travay sere-sere avèk Ekip Retrèt la menm lè li sou pye.

VI.   Ekip Kontak la se li ki responsab pou reprezente gwoup la nan tout lòt aktivite, reyinyon ak rankont kote gwoup la oblije voye reprezantan oubyen vle reprezante tèt li. Kowòdinatè ekip sa a se li ki jwe wòl reprezantan jeneral gwoup la. Sou-kowòdinatè ekip sa a jwe wòl sou-reprezantan jeneral gwoup la. Kowòdinatè ak Sou-kowòdinatè Ekip Kontak la ta sipoze fè pati konsèy pastoral pawasyal la.

VII.   Ekip Senak la se li ki òganize tout aktivite (spirityèl, edikatif ak sosyal) pou tout manb gwoup la ki fè *Seminè Lavi Nan Espri Sen* avèk gwoup la. Wòl

DIDIER MOÏSE

prensipal ekip sa a se pou ede tout manb sa yo rete angaje nan aktivite gwoup la mete sou pye. Se ekip sa a tou ki ede òganize retrèt, jounen rekoleksyon, sòti, ak tout lòt kalite aktivite ki pèmèt manb sa yo ki fè Seminè a kontinye achemine ak gwoup la. Se ekip sa a tou ki travay sere-sere ak Ekip Fòmasyon an sou bezwen manb sa yo tou.

VIII. **Ekip Animasyon** an se li ki responsab kowòdone moun ki pou anime reyinyon priyè gwoup la, anime retrèt ak tout lòt animasyon ki nesesè nan kenpòt rankont ke gwoup la ap' fè. Se li tou ki responsab prepare sèvis litijik, ki responsab chan pou gwoup la nan ka ke pa gen ni Ekip Chan ak Ekip Litiji sou pye. Se li tou ki kowòdone ak ekip sa yo menm lè yo sou pye.

EKIP KI PA PÈMANAN YO

IX. **Ekip Vizit** la responsab pou ale vizite moun ki malad, travay ak Ekip Priyè/Vizitasyon an pou òganize moun ki pou ale lapriyè lakay moun.

X. **Ekip Chan** an responsab pou òganize moun nan Komite Soutyen yo ki responsab chan pandan reyinyon priyè yo. Se ekip sa a tou ki responsab montre gwoup la nouvo chante.

XI. **Ekip Litiji** a responsab pou prepare sèvis litijik pou gwoup la. Se ekip sa a tou ki kowòdone ak tout lòt gwoup ki nan pawas la oubyen nan dyosèz (achidyosèz) la sou bezwen litijik gwoup la.

XII. **Ekip Akèy** la (ansanm ak Ekip Sèvis la) responsab akèy nan tout aktivite gwoup la ap' fè. Se ekip sa a tou ki responsab pou chwazi moun ki pou kanpe

26

nan pòt pou kèlkanswa aktivite gwoup la. Ekip sa a fèt pou l' travay sere-sere ak Ekip Sèvis la sou bezwen nouvo manb jeneral gwoup la.

XIII. **Ekip Kominikasyon** an reponsab ede Ekip Sekretarya a pou piblikasyon ak kominikasyon gwoup la ak tout lòt òganizasyon entènasyonal, nasyonal, rejyonal, lokal, achidyosezè, dyosezè, pawasyal, ansanm ak tout lòt gwoup priyè yo. Menm si piblikasyon ak kominikasyon yo elektwonik, dijital, oubyen nimerik ; tout, se sou kont ekip sa a ansanm ak Ekip Sekretarya a. Se ekip sa a ki responsab poste lèt gwoup la, ki distribye feyè, liv, *Konstitisyon ak Règleman Gwoup La*, ak priyè. Se ekip sa tou ki responsab vant (oubyen distribisyon) liv, kasèt, disk ak tout lòt atik ke Komite Soutyen an ba l' otorizasyon pou l' vann oubyen distribye pou Gwoup la.

XIV. **Ekip Divètisman** an se ekip ki planifye tout sòti gwoup la gen pou l' fè pou amizman oubyen divètisman. Se ekip sa a ki travay ak Ekip Lojistik la sou tout aspè planifikatif aktivite sosyal ak amizman pou gwoup la.

XV. **Ekip Fèt Patwonal** la responsab preparasyon gran Fèt Patwonal Gwoup la ki se Fèt Divin Mizerikòd la. Menm si ekip sa a pa pèmanan, li oblije kòmanse fonksyone jou Premye Dimanch Avan jiska jou Fèt Asansyon. Menm si tout manb Komite Soutyen yo san eksepsyon ap' patisipe pou òganize Fèt Divin Mizerikòd la, se Ekip Fèt Patwonal la ki responsab prensipal fèt la. Se li tou ki responsab kowòdone tout aspè fèt patwonal la.

XVI. **Ekip Retrèt** la responsab òganize retrèt pou gwoup la. Se ekip sa a ki pou travay sere-sere ak Ekip

Lojistik la ansanm ak Ekip Fòmasyon an pou kouvri tout aspè retrèt ak pèlerinaj gwoup la.

XVII. **Ekip Jèn** lan responsab travay ak tout jèn ki manb gwoup priyè a dekwa pou yo kab entegre yo nan tout aktivite spirityèl ak sosyal ke Gwoup la mete sou pye. Se ekip sa a tou ki responsab ede yo kontinye grandi nan lafwa karismatik kretyen yo.

XVIII. **Ekip Biblyotèk** la responsab Biblyotèk gwoup la. Se ekip sa a ki pou kontrole tout aktivite Biblyotèk gwoup la. Se li tou ki responsab pou l' jere ak pran swen Biblyotèk la. Ekip sa a fèt pou travay sere-sere ak Ekip Sekretarya a.

XIX. **Ekip Transpòtasyon** an se li ki responsab tout aspè transpò gwoup la. Se li tou ki responsab pou ede gwoup la ansanm ak tout manb yo rezoud pwoblèm ak bezwen transpòtasyon yo. Se sa ki fè ekip sa oblije travay kole-kole ak Ekip Sèvis la, Ekip Priyè/Vizitasyon an, Ekip Retrèt la, Ekip Vizit la, Ekip Lojistik la ak Ekip Fèt Patwonal la.

XX. **Ekip Lojistik** la responsab fè rechèch pou kab asire bezwen lojistik gwoup la, kit gwoup la ap' prepare pou yon sòti oubyen gwoup la bezwen ranpli yon bezwen lojistik entènal tankou chwazi yon kote pou yon ti fèt oubyen yon reyinyon ak yon rankont. Ekip sa a responsab òganize lojman tout envite gwoup la ak lojman tout manb nan gwoup la lè gwoup la fè sòti. Se ekip sa a tou ki responsab tout aspè planifikatif gwoup la, se sa ki fè fòk li travay sere-sere ak Ekip Retrèt la, Ekip Transpòtasyon an, epi Ekip Fèt Patwonal la.

28

ATIK 16 : SO GWOUP LA

So gwoup la fèt pou rete tout tan sou kontwòl Kowòdinatè ak Sou-kowòdinatè Ekip Sekretarya a, kidonk sou kontwòl sekretè ak sou-sekretè jeneral gwoup la. So gwoup la fèt pou rete anba kle tout tan depi li pa nan sèvis. Se Komite Soutyen gwoup la sèlman ak yon vòt majoritè senp (kidonk plis ke mwatye) ki kab bay otorizasyon pou So a sèvi. So gwoup la se byen Gwoup la sèlman li ye. Depi Kowòdinatè Ekip Sekretarya a pa kab la pou bay aksè ak So gwoup la oubyen li ta demisyone daprè règleman Atik 29 la, li oblije bay Sou-kowòdinatè Ekip Sekretarya a kenbe So a. Epi si tout fwa ni youn ni lòt pa ta disponib oubyen ta demisyone, So gwoup la oblije rantre sou kontwòl Kowòdinatè Jeneral la oubyen Sou-kowòdinatè Jeneral la imedyatman. Konsa, youn nan moun sa yo va mande Komite Soutyen an (nan pwochen reyinyon Komite a) pou yo eli youn nan Kowòdinatè oubyen Sou-kowòdinatè youn nan ekip pèmanan yo kòm Gadyen So Gwoup la pou yon bout tan byen detèmine anvan ranplasman Kowòdinatè ak Sou-kowòdinatè Ekip Sekretarya a daprè Atik 30 la.

ATIK 17 : ACHIV GWOUP LA

Achiv Gwoup la se youn nan trezò ki pi enpòtan ke Gwoup la genyen. Se nan Achiv la tout papye gwoup la ye, tout Règleman ak Desizyon ki pran, tout manda manb yo ak fonksyon yo, se la tout papye orijinal Gwoup la ye, se la kopi orijinal *Konstitisyon ak Règleman Gwoup La* ye tou. Tout rapò reyinyon Komite Soutyen yo ak tout lòt rapò finans ansanm ak tout lòt rapò nèt, se la yo ye. Tout papye enpòtan gwoup la se nan Achiv Gwoup la yo ye. Se sa ki fè Achiv Gwoup la sipoze sou kle tout tan epi yon kote ki pa mete Achiv la nan danje difè, inondasyon ak tout lòt risk malè ak destriksyon. Se Ekip Sekretarya a ki responsab Achiv Gwoup la. Se Kowòdinatè ak Sou-kowòdinatè Ekip Sekretarya a ki jwe wòl achivis ak sou-achivis Gwoup la. Depi Kowòdinatè Ekip Sekretarya a pa kab la pou bay aksè ak Achiv

Gwoup la oubyen li ta demisyone daprè règleman Atik 29 la, li oblije bay Sou-kowòdinatè Ekip Sekretarya a kenbe Achiv Gwoup la. Epi si tout fwa ni youn ni lòt pa ta disponib oubyen ta demisyone, Achiv Gwoup la oblije rantre sou kontwòl Kowòdinatè Jeneral la oubyen Sou-kowòdinatè Jeneral la imedyatman. Si tout fwa yo pyès pa ta la oubyen pa disponib, Kowòdinatè oubyen Sou-kowòdinatè Ekip Finans la kapab pran kontwòl Achiv Gwoup la tou. Konsa, youn nan moun sa yo ; Kowòdinatè Jeneral la, Sou-kowòdinatè Jeneral la, Kowòdinatè Ekip Finans la, oubyen Sou-kowòdinatè Ekip Finans la ; va mande Komite Soutyen an (nan pwochen reyinyon Komite a) pou yo eli youn nan Kowòdinatè oubyen Sou-kowòdinatè youn nan Ekip Pèmanan yo kòm Gadyen Achiv Gwoup la pou yon bout tan byen detèmine anvan ranplasman Kowòdinatè ak Sou-kowòdinatè Ekip Sekretarya a daprè Atik 30 la.

ATIK 18 : BIBLYOTÈK GWOUP LA

Biblyotèk Gwoup la se youn nan trezò gwoup la tou. Se Biblyotèk la ki depo konesans entèlektyèl gwoup la. Kidonk li merite menm pwoteksyon ak Achiv Gwoup la. Biblyotèk la se byen Gwoup la sèlman li ye. Depi Kowòdinatè Ekip Sekretarya a pa kab la pou bay aksè ak Biblyotèk Gwoup la oubyen li ta demisyone daprè règleman Atik 29 la, li oblije bay Sou-kowòdinatè Ekip Sekretarya a kenbe Biblyotèk Gwoup la. Epi si tout fwa ni youn ni lòt pa ta disponib oubyen ta demisyone, Biblyotèk Gwoup la oblije rantre sou kontwòl Kowòdinatè oubyen Sou-kowòdinatè Ekip Fòmasyon an imedyatman. Konsa, youn nan moun sa yo ; Kowòdinatè, oubyen Sou-kowòdinatè Ekip Fòmasyon an ; va mande Komite Soutyen an (nan pwochen reyinyon Komite a) pou yo eli youn nan Kowòdinatè oubyen Sou-kowòdinatè youn nan Ekip Pèmanan yo kòm Gadyen Biblyotèk Gwoup la pou yon bout tan byen detèmine anvan ranplasman Kowòdinatè ak Sou-kowòdinatè Ekip Sekretarya a daprè Atik 30 la.

ATIK 19 : KONDISYON POU YON KRETYEN VINI MANB JENERAL GWOUP PRIYÈ A

Fòk moun lan se yon Katolik ki batize epi ki aksepte tout prensip ak règleman gwoup la ansanm ak lwa Legliz la. Fòk moun sa a se yon manb pawas kote gwoup la etabli, ki toujou vini patisipe souvan nan priyè karismatik gwoup la anime, epi ki konn patisipe nan lòt aktivite gwoup la tou.

ATIK 20 : KONDISYON POU YON MANB GWOUP LA KAPAB KONSIDERE KÒM KANDIDA POU LI VINI MANB KOMITE SOUTYEN

Fòk moun lan se yon Manb Jeneral Gwoup la daprè règleman Atik 19 la, epi tou, fòk moun sa a te deja fè *Seminè Lavi Nan Espri Sen* an ak gwoup la depi omwen 3 mwa. Fòk li ta yon manb ki pa gen pwoblèm travay nan ekip, kidonk fòk li se yon moun ki pa gen pwoblèm kolabore ak lòt moun pou li fè travay Gwoup la mache. Fòk moun sa a ta gen espri sèvis daprè definisyon Atik 11 lan. Fòk li toujou vini patisipe regilyèman nan aktivite gwoup la, kit sosyal oubyen spirityèl. Fòk li pare pi l' fè pati nan omwen yon Ekip Pèmanan. Fòk moun sa a pa ta nan okenn lòt Komite Soutyen oubyen manb responsab okenn lòt gwoup priyè karismatik. Epi, fòk moun sa a gen omwen 21 ane sou tèt li.

ATIK 21 : KONDISYON POU YON MANB KAPAB FÈ PATI YON EKIP KI PA PÈMANAN

Fòk moun lan se yon Manb Jeneral Gwoup la daprè règleman Atik 19 la, epi tou, fòk moun sa a te deja fè *Seminè Lavi Nan Espri Sen* an ak gwoup la depi omwen yon mwa. Fòk manb jeneral sa a te deja aktif nan aktivite gwoup la, kit se akivite spirityèl oubyen lòt aktivite. Se yon manb (oubyen plizyè manb) nan Komite Soutyen an sèlman ki kab nome yon manb jeneral pou li vini manb yon Ekip Ki Pa Pèmanan. Pa gen pyès manb jeneral gwoup la ki ka nome tèt li (oubyen sijere tèt li) pou sèvis sa a. Sèl eksepsyon se ta si se Komite Soutyen an menm ki mande manb jeneral yo pou youn nan yo, oubyen plizyè nan yo, sijere tèt yo pou sèvis sa a.

ATIK 22 : KONDISYON POU YON MANB KOMITE SOUTYEN KAPAB KONSIDERE KÒM KANDIDA POU LI VINI KOWÒDINATÈ OUBYEN SOU-KOWÒDINATÈ YON EKIP PÈMANAN

Fòk manb Komite Soutyen sa a ta fè omwen yon ane depi li te fè premye *Seminè Lavi Nan Espri Sen* ak gwoup la. Fòk se yon manb aktif Komite Soutyen an li ye epi se yon lòt Manb Komite Soutyen an ki pou nome li kòm kandida pou Kowòdinatè ak Sou-kowòdinatè yon Ekip Pèmanan.

ATIK 23 : KONDISYON POU YON MANB NAN GWOUP LA KAPAB KONSIDERE POU NOMINASYON POU LI VINI KOWÒDINATÈ OUBYEN SOU-KOWÒDINATÈ YON EKIP KI PA PÈMANAN

Si se yon manb Komite Soutyen, fòk li pat deja nan 2 ekip. Si se yon manb jeneral gwoup la, fòk li ta gen omwen 2 ekperyans travay nan 2 diferan ekip. Epi manb jeneral la ranpli tout kondisyon Atik 21 an. Fòk manb jeneral sa a gen omwen 18 ane sou tèt li. Pa gen pyès manb jeneral gwoup la ki ka nome tèt li pou sèvis sa a. Sèl eksepsyon se ta si se Komite Soutyen an menm ki mande manb jeneral yo pou youn nan yo, oubyen plizyè nan yo, sijere tèt yo pou sèvis sa a.

ATIK 24 : KONDISYON POU YON MANB KOMITE SOUTYEN KAPAB KONSIDERE KÒM KANDIDA POU LI VINI KOWÒDINATÈ JENERAL OUBYEN SOU-KOWÒDINATÈ JENERAL GWOUP LA

Fòk manb Komite Soutyen sa a ta fè omwen 2 ane depi li te fè premye *Seminè Lavi Nan Espri Sen* ak Gwoup la. Fòk se yon manb aktif Komite Soutyen an li ye epi se yon lòt manb komite soutyen an ki pou nome li kòm kandida pou Kowòdinatè oubyen Sou-kowòdinatè Jeneral. Pa gen pyès manb nan Komite Soutyen an ki ka nome tèt li pou sèvis sa a. Fòk manb sa a te pase Kowòdinatè oubyen Sou-kowòdinatè yon Ekip Pèmanan deja. Fòk moun sa a toujou la alè nan tout aktivite gwoup la antreprann. Epi fòk moun sa a ant laj 26 ak 60 ane. Fòk moun sa a se yon modèl nan kominote pawasyal la.

ATIK 25 : KONDISYON POU YON PÈ, YON DYAK, AK YON RELIJYE (ABE, SÈ, FRÈ, MÈ) KAPAB KONSIDERE POU NOMINASYON POU LI VINI KONSEYE GWOUP LA

Fòk sèvitè Bondye sa a pa gen pwoblèm travay ak layik epi fòk li alèz ak mouvman karismatik nan Legliz la. Fòk li sòti nan pawas kote gwoup la ye a eksepte nan ka byen detèmine daprè règleman Atik 14 § V lan. Fòk moun sa a kapab travay nan ekip epi fòk li kab kolabore ak tout kalite lòt moun. Fòk moun sa a ta nan bon rapò ak Legliz la oubyen kominote li, si li fè pati yon kominote relijye. Fòk li alèz nan langn Kreyòl Ayisyen, oubyen langn natif-natal majorite manb yo nan gwoup la pale.

ATIK 26 : ELEKSYON JENERAL

I.   Eleksyon Jeneral pou Kowòdinatè ak Sou-kowòdinatè ekip pèmanan yo, pou Kowòdinatè Jeneral la ak Sou-kowòdinatè Jeneral la, epi pou Manb Komite Soutyen yo, fèt pou fèt jou Lendi anvan Premye Dimanch Karèm. Tout nouvo responsab sa yo ansanm ak sa ki re-eli yo fèt pou kòmanse fonksyon yo jou Fèt Gwoup la (Fèt Divin Mizerikòd) ki tonbe apeprè 8 semèn apre eleksyon jeneral la. Se sèl manb Komite Soutyen aktif gwoup la ki kapab patisipe epi vote nan Eleksyon Jeneral la.

II. Fòma eleksyon jeneral la pa tankou yon eleksyon politik. Pa sipoze gen pyès kandida ki deklare tèt yo. Men, kandida yo se: (1) tout manb Komite Soutyen ki deja sou plas la ki konsidere kòm kandida pou Kowòdinatè ak Sou-kowòdinatè Ekip Pèmanan yo daprè kalifikasyon yo selon règleman Atik 22 a, ansanm ak Kowòdinatè Jeneral ak Sou-kowòdinatè Jeneral daprè kalifikasyon yo selon règleman Atik 24 la; (2) tout manb Komite Soutyen tou ki kalifye pou yon lòt tèm daprè règleman Atik 28 § I an, deja konsidere kòm kandida pou rete manb Komite Soutyen pou yon lòt tèm; (3) tout lòt nominasyon nouvo moun ki te apwouve kòm kandida pou vini manb Komite Soutyen pou premye fwa daprè règleman Atik 27 § I an. Ekip Sekreterya responsab ansanm ak tout Komite Soutyen an pou òganize yon lis tout Manb sa yo ki kalifye (oubyen nome) kòm kandida omwen 2 semèn anvan jou Eleksyon Jeneral la. Lis sa a fèt pou pibliye bay tout Manb Komite Soutyen yo omwen yon semèn anvan jou Eleksyon Jeneral la.

III. Reyinyon Lendi pou Eleksyon Jeneral la kòmanse ak yon priyè kontanplatif nan silans total-kapital pou omwen 60 minit oubyen adorasyon devan Sen Sakreman an silans pou omwen 60 minit. Tout manb komite soutyen yo sipoze vini a lè pou eleksyon an. Manb Komite Soutyen yo ap reyini nan yon chanm anvan adorasyon an oubyen priyè kontanplatif la dekwa pou tout manb yo kab rasanble. Apre sa, yo tout ap' ale ansanm nan priyè kontanplatif oubyen adorasyon Sen Sakreman pou omwen 60 minit san eksepsyon. Priyè kontanplatif la oubyen adorasyon an ap' fèt nan silans total-kapital dekwa pou pa gen okenn distraksyon nan rankont kè-a-kè sa a chak manb Komite Soutyen an ap' fè ak Jezi anvan yo pran gwo kokennchenn desizyon sou avni gwoup la. Apre priyè kontanplatif oubyen adorasyon Sen Sakreman nan silans konplè a, tout manb yo ap' retounen an silans nan chanm yo te ye anvan an pou yo vote sekrètman : pou chak Kowòdinatè ak Sou-kowòdinatè Ekip Pèmanan yo, pou Kowòdinatè Jeneral la ak Sou-kowòdinatè Jeneral la, epi pou Manb Komite Soutyen yo (nouvo oubyen ansyen). Imedyatman apre vòt la, rezilta eleksyon yo anonse. Sekretè Jeneral la pran nòt tout moun ki eli yo epi, devan tout moun (dekwa ke pou kab gen verifikasyon), li mete tout bilten yo nan yon anvlòp byen make epi ki kachte. Konsa tout manb eli ki dakò ranpli nouvo fonksyon yo, repete youn apre lòt : « Wi, mwen vle sèvi nan nouvo fonksyon sa a ». Apre sa tout moun retounen kote adorasyon an t'ap' fèt la pou di Bondye mèsi nan yon priyè silans pou 30 minit. Apre tan silans sa a, tout manb yo anbrase youn ak lòt pandan y'ap' chante. La tou reyinyon eleksyon jeneral la fini.

IV.   Si gen 2 (oubyen plis ke 2) kandida ki ta sòti tèt-pou-tèt apre vòt yo fin' konte, yon lòt eleksyon oblije refèt nan Lendi tou swit apre dat ofisyèl eleksyon jeneral la, ki se Lendi apre Premye Dimanch Karèm. Menm pwosesis ki nan Atik 26 § III yo oblije swiv pou dezyèm tou a.

V.   Tout manb Komite Soutyen yo, san eksepsyon, oblije patisipe nan eleksyon sa a. Chak manb kab vote yon sèl fwa. Epi nanpwen pyès manb ki kapab kite reyinyon Eleksyon Jeneral la anvan li fini.

35

Reyinyon Eleksyon Jeneral la pa fèt pou l' dire plis ke 3 èd tan, kòmanse ak priyè kontanplatif oubyen adorasyon silans Sen Sakreman rive pou priyè final apre rezilta eleksyon yo anonse.

VI. Kanta pou nouvo Manb-eli Komite Soutyen ki fèk eli pou premye fwa yo, Komite Soutyen an oblije rele yo epi voye lèt ba yo pou fè yo konn sa. Epi nouvo manb-eli sa yo oblije vini nan younn nan reyinyon Lendi Komite Soutyen yo pou di si yo dakò ranpli nouvo fonksyon yo nan Gwoup la ak deklarasyon : « Wi, mwen vle sèvi nan nouvo fonksyon sa a ». Yo genyen pa plis ke 4 semèn apre Komite Soutyen an te fè yo konn' sa, pou yo reponn epi vini nan reyinyon Lendi Komite Soutyen an. Si yon nouvo manb-eli Komite Soutyen an pa vini nan yon reyinyon Komite a pou plis depase 4 semèn apre envitasyon an, Komite Soutyen an ap' konsidere repons li a se yon « Non ».

VII. Si youn ou byen kèk nan nouvo eli yo pa aksepte sèvi nan nouvo fonksyon yo chwazi l' la. Li sipoze rete jiska fen reyinyon Eleksyon Jeneral la dekwa pou l' kab lapriyè ak tout lòt manb yo. Men, nan lòt reyinyon nan Lendi apre Eleksyon Jeneral la (si gen dezyèm tou, nan Lendi apre dezyèm tou a), manb ki pat aksepte sèvi a oblije vini ak yon lèt pou Komite Soutyen an pou li eksplike an detay rezon ki fè li pa vle oubyen pa kapab sèvi. Apre sa, Komite Soutyen an va òganize yon Eleksyon Espesyal daprè Atik 30 lan pou konble vid sa a. Eleksyon Espesyal sa a va fèt jou Lendi tou swit apre reyinyon sa a kote manb la te vini ak lèt la.

ATIK 27 : NOMINASYON

I. Pou yon manb nan gwoup priyè a kab nome kandida pou l' vini **Nouvo Manb Komite Soutyen** an fòk li ranpli tout kondisyon nan Atik 20 an. Se yon manb oubyen plizyè manb Komite Soutyen an ki kab nome moun sa a. Moun sa a pa kapab nome tèt li. Men li kab sijere obyen ofri tèt li pou sèvi. Lè sa a youn nan Manb Komite Soutyen an va nome li. Konsa, moun lan kab apwouve kòm kandida pou pwochen Eleksyon Jeneral (oubyen Eleksyon Espesyal) gwoup la. Depi manb lan fin' apwouve kòm Kandida pou vini manb Komite Soutyen, Komite a oblije enfòme manb la fòmèlman nan yon lèt pou di l' ke Komite Soutyen an ap' konsidere li pou li kab vini manb komite a. Konsa, Komite Soutyen an va konnen si manb lan dakò pou gwoup la konsidere li kòm kandida pou l' vini sèvi kòm manb nan Komite Soutyen an. Pa sipoze gen plis ke 16 nominasyon ki apwouve pou eleksyon nouvo manb Komite Soutyen an yon sèl kou. Se yon fason pou k'a toujou genyen yon balans nouvo manb ak ansyen manb nan Komite Soutyen an. Eleksyon pou manb ki nomine yo ap' fèt menm lè ak Eleksyon Jeneral la daprè Atik 26 la, oubyen menm lè ak Eleksyon Espesyal la daprè Atik 30 la.

II. Pou yon pè, yon dyak, ak yon relijye (abe, sè, frè, mè) kab konsidere kòm kandida pou nominasyon pou l' vin' **Konseye** gwoup la, fòk li ranpli kondisyon nan Atik 25 yo. Kab genyen plizyè moun ki konsidere pou nominasyon, men chak manb Komite Soutyen gen dwa nome yon moun sèlman pou Konseye. Komite Soutyen an vote pou ratifye youn nan nominasyon sa yo ak yon vòt majorité senp (kidonk, plis ke mwatye) nan reyinyon jou Lendi apre Dezyèm Dimanch Karèm. Oblije genyen yon moman priyè an silans pou omwen 30 minit anvan vòt ratifikasyon an fèt. Dekwa pou Espri Sen an kapab mennen manb Komite Soutyen yo nan chwa enpòtan sa a. Jou sa a tou, Konseye gwoup la pa kab patisipe nan reyinyon Komite Soutyen an.

III. Komite Soutyen an fèt pou nome tout rès **Manb Ekip Pèmanan** yo. Sa a, se pou tout rès manb-eli Komite Soutyen yo ki pat eli kòm Kowòdinatè oubyen Sou-kowòdinatè youn nan Ekip Pèmanan yo. Chak manb Komite Soutyen an, san eksepsyon, oblije nan yon Ekip Pèmanan. Nominasyon sa yo oblije fèt ak vòt majoritè nan reyinyon jou Lendi apre Twazyèm Dimanch Karèm lan. Se pou tout manb Komite Soutyen yo la san eksepsyon. Oblije genyen yon moman priyè an silans pou omwen 30 minit anvan vòt ratifikasyon nominasyon yo fèt dekwa pou Espri Sen an kapab mennen manb Komite Soutyen yo nan chwa enpòtan sa yo.

IV. Chak fwa genyen yon **Ekip Ki Pa Pèpanan** ke gwoup la bezwen mete sou pye, se sèl Komite Soutyen an sèlman ki kab mete l' kanpe ak yon vòt majoritè senp (kidonk, plis ke mwatye) pou chwazi yon Kowòdinatè, yon Sou-kowòdinatè, ak lòt manb Ekip Ki Pa Pèmanan sa a daprè règleman Atik 14 § I-IV, Atik 15, Atik 21, Atik 23, ak Atik 28 § V.

ATIK 28 : TÈM

I. **Manb Komite Soutyen** yo eli ak vòt majoritè senp Komite Soutyen ki sou plas la pou 3 ane ki renouvab 5 fwa sèlman.

II.   **Kowòdinatè ak Sou-kowòdinatè Ekip Pèmanan** yo eli ak vòt majoritè senp Komite Soutyen an pou 2 ane ki renouvab 5 fwa sèlman.

III.   **Manb Ekip Pèmanan** yo nome ak vòt majoritè senp Komite Soutyen an pou 3 ane ki renouvab 5 fwa sèlman.

IV.   **Kowòdinatè Jeneral ak Sou-kowòdinatè Jeneral** la eli ak vòt majoritè senp Komite Soutyen an pou 2 ane ki renouvab 3 fwa sèlman, men pa youn apre lòt.

V.   **Kowòdinatè, Sou-kowòdinatè, ak Manb Ekip Ki Pa Pèmanan** yo nome ak vòt majoritè senp Komite Soutyen an pou yon tan byen detèmine (semèn, mwa, oubyen ane). Men ki pa mwens ke 3 semèn, epi ki pa plis ke yon ane. Tèm Kowòdinatè ak Sou-kowòdinatè Ekip Ki Pa Pèmanan yo renouvab 3 fwa sèlman. Tèm Manb Ekip Ki Pa Pèmanan yo renouvab 5 fwa sèlman.

VI.   **Konseye** gwoup la nome ak vòt majoritè senp Komite Soutyen an pou 2 ane ki renouvab 5 fwa sèlman.

ATIK 29 : DEMISYÒNMAN

I.   Tout moun ki eli oubyen nome nan yon fonksyon nan gwoup la kapab rive nan yon pwen kote yo pa santi yo ka kontinye ranpli fonksyon yo ankò. Moun sa a oblije mande pou l' parèt nan youn nan reyinyon Lendi Komite Soutyen an pou l' pale sou rezon ki fè li vle demisyone. Demand sa a oblije fèt nan yon lèt adrese pou Komite Soutyen an dekwa pou rezon an (yo) kapab byen dokimante. Apre prezantasyon moun lan, Komite Soutyen an kapab deside nan yon dyalòg si ke li dakò ak demisyònman moun lan.

Si Komite Soutyen an dakò, donk moun lan kapab demisyone nan yon dat byen fikse (pou pi vit nan yon semèn, men li pa kab rete nan fonksyon li pou plis ke 3 semèn). Chak demach demisyònman oblije fèt youn pa youn. Menm si Komite Soutyen an pa dakò demisyònman an, moun lan kab' toujou chwazi demisyone, men li blije rete nan pòs li pou omwen 4 semèn apre reyinyon sa a. Si moun ki vle demisyone a pa parèt nan yon lòt reyinyon ak Komite Soutyen an, apre 4 semèn Komite Soutyen an te resevwa premye lèt li a, demisyònman moun lan efektif. Konsa, Komite Soutyen an ap' ka lib pou li ranplase moun sa a daprè règleman Atik 30 la.

II. Sèvi nan gwoup la se yon privilèj volontè, se sa ki fè ke si yon manb Komite Soutyen an (kèlkanswa fonksyon li) pa kakab kontinye pote kontribisyon pa li kòrèkteman, li fèt pou l' gen kouraj pou l' remèt demisyon li daprè règleman Atik 29 § I an.

III. Nan ka ke gen yon pwoblèm grav tankou yon skandal spirityèl oubyen yon aksyon ki ale nan sans kontrè ak *Konstitisyon ak Règleman Gwoup La*, Komite Soutyen an ak yon vòt majoritè definitif (kidonk, omwen 2 tyè) kapab mande demisyònman yon manb Komite Soutyen an (kèlkanswa fonksyon moun lan), yon manb nan youn nan Ekip Pèmanan yo (kèlkanswa fonksyon moun lan), yon manb nan youn nan Ekip Ki Pa Pèmanan yo (kèlkanswa fonksyon moun lan), Kowòdinatè Jeneral gwoup la, Sou-kowòdinatè Jeneral la, ak Konseye a tou. Anvan vòt pou mande demisyònman sa a fèt, sipoze gen yon bon dyalòg fratènèl ak moun lan dekwa pou nou pa ankouraje skandal nan gwoup la. Apre demand pou demisyònman sa a fèt, fòk moun sa a gen kouraj pou l' demisyone nan lòd daprè règleman Atik 29 § I ak II a. Men, si moun sa a pa ta vle demisyone pou kont li, Komite Soutyen an ak yon vòt majoritè definitif (kidonk, omwen 2 tyè) kapab fòse moun lan demisyone. Konsa, Komite Soutyen an ap' konsidere moun lan demisyone (pa pi bonè ke 3 semèn apre jou reyinyon dyalòg fratènèl ak moun lan oubyen 2 semèn apre demand demisyònman an). Men si se ta fòse Komite Soutyen an te fòse moun lan demisyone ak yon vòt majoritè definitif (kidonk, omwen 2 tyè), demisyònman moun sa a efektif imedyatman apre vòt la. Konsa, Komite Soutyen an va òganize yon Eleksyon (oubyen yon Nominasyon) Espesyal daprè Atik 30 la. Alò, si moun lan te gen yon Sou-kowòdinatè nan fonksyon li a, Sou-kwòdinatè a ap' oblije pran plas moun lan anvan Eleksyon Espesyal la fèt. Si fonksyon moun lan se te nome li te nome, Komite Soutyen an oblije swiv règleman Atik 27 ak Atik 30 yo pou yon lòt moninasyon definitif. Fòk ni eleksyon an ak nominasyon definitif la pa fèt pou pi ta ke 90 jou apre dat ofisyèl demisyònman an te rekonèt.

IV. Yon manb Komite Soutyen ki pase plis ke 4 reyinyon Komite Soutyen, san li pa vini epi san li pa kontakte Komite Soutyen an sou absans li, otomatikman li demisyone. Moun sa a pa kab fè pati Komite Soutyen gwoup la pou omwen 2 ane. Nan ka ke manb Komite Soutyen sa a te gen pwoblèm grav brit sou kou epi pat gen okenn mwayen ditou-ditou pou l' te kab kontakte Komite Soutyen an, manb la ap' toujou demisyone otomatikman, men li ka retounen fè pati Komite Soutyen an apre 6 mwa. Menm si manb la te retounen apre 2 ane oubyen apre 6 mwa, li oblije pase nan menm pwosesis yo ki nan Atik 20, 21, 22, 23, 24, 25, 26, 27, 28 ak 30.

ATIK 30 : ELEKSYON / NOMINASYON ESPESYAL

I. Yon Eleksyon/Nominasyon Espesyal oblije fèt si epi sèlman si : (1) yon moun ta demisyone akòz kesyon lanmò oubyen maladi (ki enkli : enkapasite fizik, mantal, spirityèl, ak psikolojik pou plis ke 90 jou). (2) ta gen yon demisyònman daprè Atik 29 la. (3) ta gen yon moun ki eli (oubyen nome), men ki pat aksepte sèvi nan yon nouvo fonksyon yo chwazi l' la daprè Atik 26 § VI ak VII la.

II. Nan okenn kondisyon Komite Soutyen an gen dwa sèvi ak règleman Eleksyon/Nominasyon Espesyal la pou yo ranplase yon moun (oubyen plizyè moun) yo pa renmen.

III. Menm si se Eleksyon/Nominasyon Espesyal, tout règleman Atik 26 ak Atik 27 yo oblije swiv kòrèkteman eksepte jou oubyen dat eleksyon/nominasyon an ki kab chanje. Konsa tou, fòk omwen 2 tyè nan manb Komite Soutyen yo la pou yon Eleksyon/Nominasyon Espesyal kab fèt.

ATIK 31 : CHANJMAN NAN KONSTITISYON AK RÈGLEMAN GWOUP LA

I. *Konstitisyon ak Règleman Gwoup La* kab modifye oubyen amande, men li pakab re-ekri nèt. Tout règleman, pwosesis, dekrè oubyen kenpòt lòt mannèv ak lòt bagay ki afekte fonksyònman Gwoup la ke Komite Soutyen an adopte fèt pou kanpe sou menm liyn ak *Konstitisyon ak Règleman Gwoup La* paske se konstitisyon sa a ki se manman tout règleman gwoup la.

II. Pou chanje yon bagay nan *Konstitisyon ak Règleman Gwoup La*, Komite Soutyen an oblije adopte Amandman ak vòt majiritè definitif (kidonk, omwen 2 tyè) manb Komite Soutyen yo. Donk, pou vòt sa a pran fòk omwen 2 tyè nan Komite Soutyen an prezan.

III. Men, anvan menm vòt sa a fèt, fòk Amandman sa a pase omwen 3 semèn ap' diskite nan Komite a apre ke li fin' ekri epi prezante bay Manb Komite Soutyen yo. Konsa, va gen yon gran deba sou Amandman an (oubyen Amandman yo). Deba sa yo pa fèt pou dire pi plis pase 5 semèn. Si yon sijesyon Amandman pase plis ke 5 semèn san vòt. Tout bagay oblije rekòmanse. Kidonk, Amandman an oblije re-entwodwi nan Komite Soutyen an ankò epi yon lòt deba oblije reprann pou omwen 3 semèn ankò epi pa pi plis ke yon lòt 5 semèn. Amandman an (oubyen Amandman yo) kapab re-ekri oubyen korije avan chak re-entwodiksyon.

IV. Vòt pou youn oubyen plizyè Amandman fè pati *Konstitisyon ak Règleman Gwoup La* fèt pou fèt nan anpil respè ak anpil prekosyon. Jou vòt Amandman an, omwen 2 tyè manb Komite Soutyen yo oblije la a lè dekwa pou yo tout kapab pase omwen 60 minit nan priyè kontaplatif total-kapital oubyen nan adorasyon Sen Sakreman nan silans anvan vòt la fèt. Pa gen okenn manb Komite Soutyen ki ka patisipe nan vòt sa a si li pa pase 60 minit nan priyè kontaplatif total-kapital oubyen nan adorasyon Sen Sakreman nan silans ak tout lòt manb Komite Soutyen yo. Nan moman sa a pa fèt pou gen okenn pale anpil ni priyè ak vwa. Tout Manb Komite Soutyen yo ap' la ansanm nan lapriyè oubyen adorasyon an nan yon silans total-kapital. Apre priyè kontanplatif sa a oubyen adorasyon Sen

Sakreman an, tout manb Komite a ale nan sal reyinyon epi yo al' vote pou, oubyen byen kont, Amandman an (yo). Vòt sa a oblije fèt an sekrè. Imedyatman apre vòt la, rezilta yo anonse. Sekretè Jeneral oubyen Sou-sekretè Jeneral gwoup la anonse rezilta vòt la epi pran non tout manb Komite Soutyen ki te patisipe. Apre sa, devan tout manb yo (dekwa ke pou kab gen verifikasyon), li mete tout bilten yo nan yon anvlòp byen make epi ki kachte.

CHAPIT C

CHAN AK LÒT LAPRIYÈ

I. CHAN

1. ADORASYON

Mwen remmen Ou (m' renmen Ou)
O Jezi ! (o Jezi !)
(2 fwa)

Mwen damou Ou (m' damou Ou)
O Jezi ! (o Jezi !)
(2 fwa)

M' fou pou Ou (m' fou pou Ou)
O Jezi ! (o Jezi !)
(2 fwa)

Se Ou m' vle (se Ou m' vle)
O Jezi ! (o Jezi !)
(2 fwa)

Mwen bezwen Ou (m' bezwen Ou)
O Jezi ! (o Jezi !)
(2 fwa)

M' adore Ou (m' adore Ou)
O Jezi ! (o Jezi !)
(2 fwa)

M' kontanple Ou (m' kontanple Ou)
O Jezi ! (o Jezi !)
(2 fwa)

Pa gen mo (pa gen mo)
O Jezi ! (o Jezi !)
(2 fwa)

mmmm...mmmm
mmmm...mmmm
(2 fwa)

Teks ak mizik ©2002, Didier Moïse.

2. BONDYE OU SE PAPA MWEN

1.
Bondye ou se papa mwen
Jezi ou se gran frè mwen
Espri Sen konsolatè m'
Vini priye avè m'

2.
Espri Sen ou sèl ki fòs mwen
Ou sèl ki kab souti mwen
San ou mwen pa kab priye
Tanpri vini, vini

3.
Gran Mèt vin' pote m' sekou
Tanpri vini ede mwen
San ou mwen pa vo anyen
Tanpri vini pran ka m'

Teks ak mizik ©2004, Didier Moïse.

3. BONDYE PAPA ALA OU GRAN

REFREN :
Bondye Papa ala ou gran
Gran Mèt Jezi ala ou bon
O Espri Sen se ou k' tout mwen
Bondye Gran Mèt ala ou gran

1.
Ou konn' doulè tout malad yo
Ou konn' mizè tout malere
Ou se Bondye sa ki pòv yo
Ou se lavi k' p'ap' janm fini

2.
Ou konn' doulè moun k'ap' soufri
Ou konn' mizè sa k' pa gen kay
Ou se Bondye sa ki fèb yo
Ou se lavi k' p'ap' jann fini

3.
Ou konn' doulè tout restavèk
Ou konn' mizè sa k' eksplwate
Ou se Bondye sa k' pi ba yo
Ou se lavi k' p'ap' janm fini

4.
Ou konn' doulè tout kondane
Ou konn' mizè sa kab soufri
Ou se Bondye ki te mouri
Pou nou tout moun kapab sove

Teks ak mizik ©2006, Didier Moïse.

4. DEPI NAN KÒMANSMAN

1.
Depi nan kòmansman
Bondye kreye n' lib
Li ban n' tout sa n' bezwen
Pou n' kab viv alèz
Men Satan pran tèt nou
Li fè nou peche
Nou bay Bondye nou do
N' kite paradi

2.
Depi lò sa a atò
Se chyen manje chyen
Se lagè toupatou
Youn ap' manje lòt
Lamizè toupatou
Se soufrans san fen
Timoun ape mouri
Granmoun ap' kriye

3.
Men yon lè te rive
Pou Bondye aji
Li chwazi yon ti fi
Ki fèt nan yon moul
Yon moul ki san defo
Yon moul ki san tach
Ki pou ba nou Jezi
Ki pitit Mari

4.
Jezi vini jwenn nou
Tou obeyisan
Li ban nou lavi li
Pou nou kab sove
San Jezi te koule
Pou n' kab jwenn lavi
Dlo nan kè li koule
Tankou yon sous gras

5.
Jezi ki gran frè nou
Se Bondye li ye
Men li se yon moun tou
Ki sanble ak nou
Li ban nou Espri Sen
Ki fè nou kab di
Avèk tout konfyans nou
Bondye se Papa n'

6.
Ala yon bèl mistè
Ki pa gen parèy
Alèkile atò
Nou nan ras Bondye
Bondye ki plen pouvwa
Antre nan ras nou
Ki fè nou kapab di
Nou se pitit li

7.

Nou menm kap' lapriyè
Nou pa konprann sa
Ti lespri nou twò fèb
Pou mistè sila
Men gras ak Espri Sen
Jezi te ban nou
Nou goute yon ti kras
Nan mistè Syèl la

8.

Nou adore 'w Bondye
Ou ki Papa nou
Jezi ou k' gran frè nou
Nou di ou mèsi
Espri Sen ki tout nou
Nou renmen 'w anpil
Mari ki manman nou
Nou admire ou

Teks ak adaptasyon ©2004, Didier Moïse.

5. DIVIN MIZERIKÒD

REFREN :
Divin Mizerikòd
Se Jezi Kri ki nan mitan n'
Divin Mizerikòd
Se Jezi Kri ki vin' sove n'

1.
Nan priyè karismatik
Jezi Kri la nan mitan n'
Nan priyè karismatik
Espri Sen la nan mitan n'

2.
Nap' mache avèk Jezi
Nou pa kab pè anyen
Nap' mache avèk Jezi
Mari va priye pou nou

3.
Nap' fè travay Papa n'
Espri Sen la avèk nou
Nap' fè travay Papa n'
Satan pa vle wè nou

4.
Kè Jezi louvri byen laj
Sous gras li ape koule
Kè Jezi louvri byen laj
Li vle nou vini jwenn Li

5.
Sous gras Jezi ap' koule
An n' plonje nan Sous la
Sous gras Jezi ap' koule
An n' ale pou n' jwenn lavi

6.
Jezi ban nou pwòp San Li
Pou nou kapab gen lavi
Jezi ban n' Dlo k' sot' nan kè L'
Pou nou kapab vin' pi sen.

7.
Nou la chak Madi swa
Pou nou adore Jezi
Nou la chak Madi swa
Pou nou sèvi Bondye

Teks ak mizik ©2002, Didier Moïse.

6. GADE JEZI KRI SOU LAKWA

1.
Gade Jezi Kri sou lakwa
Gade jan nou touye li
Gade jan nou krisifye l'
Se nou menm ki touye Jezi Kri
Jezi, Jezi
Jezi, O…Jezi

2.
Gade timoun k'ape soufri
Gade timoun ki grangou
Gade timoun y'ap maltrete
Se Jezi Kri li menm k'ap soufri
Jezi, Jezi
Jezi, O…Jezi

3.
Gade Ayiti k'ap soufri
Gade peyi a k' nan mizè
Gade jan moun yo ap' peri
Se Jezi Kri li menm k'ap soufri
Jezi, Jezi
Jezi, O…Jezi

Teks ak mizik ©2004, Didier Moïse.

7. GERI SÈ NOU AN, TANPRI JEZI

REFREN :
Geri sè nou an, tanpri Jezi
Tanpri Gran Mèt, geri li
Geri sè nou an, tanpri Jezi
Tanpri Gran Mèt, geri li
(2 fwa)

1.
Sè nou an malad, Jezi n'ap' rele ou
Tanpri Jezi reponn nou
Sè nou an malad, Jezi nou bezwen ou
Tanpri Jezi tande vwa n'

2.
Nou pa gen doktè ki ka geri li
Se ou Jezi k' sèl doktè n'
Nou pa gen doktè ki konn tout bagay
Se ou Gran Mèt ki sèl chèf

3.
Li pa gen pèsòn, li vin' nan pye ou
Tanpri Jezi pran ka li
Li fè ou konfyans, li kwè nan non ou
Tanpri Jezi geri li

Teks ak mizik ©2004, Didier Moïse.

8. GRAN MÈT O... PITYE

Gran Mèt O...
Gran Mèt O...
Pitye, pitye pou mwen ...en en...
(2 fwa)

Jezi Kri O...
Jezi Kri O...
Pitye, pitye pou mwen ...en en...
(2 fwa)

Papa O...
Papa O...
Pitye, pitye pou mwen ...en en...
(2 fwa)

Espri Sen O...
Espri Sen O...
Pitye, pitye pou mwen ...en en...
(2 fwa)

Bondye O...
Bondye O...
Pitye, pitye pou mwen ...en en...
(2 fwa)

Teks ak mizik ©2004, Didier Moïse.

9. GRAN MÈT TANPRI PITYE

1.
Gran Mèt tanpri pitye
Ou se konsolatè m'
Tanpri Gran Mèt
Gen pitye pou mwen

2.
Tanpri Papa bon kè
Ou menm ki sèl espwa m'
Tanpri Papa
Gen pitye pou mwen

3.
Se Ou menm ki sèl Rwa
Se Ou sèl ki Gran Mèt
Tanpri souple
Gen pitye pou mwen

4.
Pou tout sa m' fè ki mal
Pou tout peche mwen yo
Tanpri sovè
Gen pitye pou mwen

5.
Peche m' yo ap' kraze m'
Mwen santi m' pa kapab
O Papa mwen
Vin' pote m' sekou

Teks ak mizik ©2001, Didier Moïse.

10. JERIKO

1.
N'ap lapriyè ou Bondye Gran Mèt
N'ap leve men n' devan ou Papa
N'ap lapriyè ou Bondye Gran Mèt
Paske se ou ki plen pouvwa

REFREN :
Jeriko, Jeriko, Jeriko, Jeriko
Jeriko, Jeriko, Jeriko, Jeriko
Nanpwen anyen Bondye pa kab fè
Miray la ap' kraze
Nanpwen anyen Bondye pa kab fè
Miray la ap' kraze

2.
N'ap lapriyè ou Bondye Gran Mèt
Nou ajenon devan ou Papa
N'ap lapriyè ou Bondye Gran Mèt
Paske se ou ki kab sove n'

3.
N'ap lapriyè ou Bondye Gran Mèt
N'ape kriye avèk lapèn
N'ap lapriyè ou Bondye Gran Mèt
Nou san espwa delivre nou

Teks ak mizik ©2004, Didier Moïse.

11. JEZI OU MENM KI TE LA YÈ

REFREN :
Jezi ou menm ki te la yè
Se ou k' la jodi a
Jezi ou menm ki te la yè
Ou la pou tout tan

1.
Ou te fè moun avèg yo wè
Ou te fè paralize mache
N'ape mande Ou
Fè kichòy pou nou

2.
Ou te fè sak' bèbè pale
Ou te fè sak' soud yo tande
N'ape mande Ou
Fè kichòy pou nou

3.
Ou te / resisite Laza
Ou te leve / pitit fanm Nayen an
N'ape mande Ou
Fè kichòy pou nou

4.
Ou te chase move lespri
Ou te geri maladi lalèp
N'ape mande Ou
Fè kichòy pou nou

5.
Ou te / bay senk mil moun manje
Ou te geri / fanm ki tap pèdi san an
N'ape mande Ou
Fè kichòy pou nou

6.
Ou te bay lavi Ou pou nou
Ou ki renmen nou nèt ale
N'ape mande Ou
Fè kichòy pou nou

Teks ak mizik ©2002, Didier Moïse.

12. JEZI, YO TE MALTRETE OU POU MWEN

1.
Jezi, yo te maltrete ou pou mwen
Jezi, yo te krisifye ou pou mwen
Jezi, jodi a m' tonbe peche

REFREN :
Pitye pou mwen, O Gran Mèt
Pitye pou mwen o, Jezi
Pitye pou mwen Gran Mèt
Tanpri efase peche m'

2.
Jezi, ou te pran kalòt pou mwen
Jezi, yo te ba 'w kout pwen pou mwen
Jezi, peche m' yo ap' fè 'w soufri

3.
Jezi, yo te pèse kè ou pou mwen
Jezi, yo te fè ou soufri pou mwen
Jezi, gade jan mwen pa konprann

Teks ak mizik ©2004, Didier Moïse.

13. KOUTE PRIYÈ MWEN

1.
Men m'ap' mache toulejou,
M' pa jwenn kote pou m' repoze.
Men m'ap' mache toulejou,
M' bezwen kote pou m' mete tèt mwen.

REFREN :
Koute priyè mwen, tanpri Gran Mèt.
Koute lavi mwen, tranpri Papa.
Gade mizè mwen,
Tanpri Gran Mèt gen pitye pou mwen !
Koute priyè mwen, tanpri Gran Mèt.
Koute lavi mwen, tranpri Papa.
Gade feblès mwen,
Tanpri Gran Mèt gen pitye pou mwen !

2.
Men m'ap' mache tèt atè,
M' pa gen kouraj pou m' leve tèt mwen.
Men m'ap' mache tèt atè,
M' bezwen kouraj pou m' kanpe dwat.

3.
Men mwen tonbe nan labou,
M' pa gen kote pou m' lave kò mwen.
Men mwen tonbe nan labou,
M' bezwen kote pou m' netwaye mwen.

Teks ak mizik ©2002, Didier Moïse.

14. LÈ M' SANTI KE MWEN FÈB

1.
Lè m' santi ke mwen fèb
Se lè sa a ou ban m' fòs
Lè m' santi m'ap' tonbe
Se lè sa a ou kenbe m'
Tanpri pa janm lage m'
Paske se ou k' lavi m'
Tanpri kenbe m' souple
Se ou menm ki fòs mwen

REFREN :
Jezi, Jezi mwen
Tanpri fè mwen wè ou
Jezi, Jezi mwen
Vin' pote mwen sekou

2.
Lè m' santi m' pa kapab
Se ou k' va ban m' kouraj
Lè m' santi m'ap' toufe
Se ou k' va ban mwen souf
Tanpri soutni lavi m'
Paske se ou k' tout mwen
Tanpri pa kite m' sèl
Se ou menm ki Mèt mwen

3.
Lè m' santi m' imilye
Se ou k' ban m' dinyite
Lè m' santi m'ap' bite
Ou va ban mwen lebra
Tanpri soude m' ak ou
Pou m' kapab kanpe djanm
Tanpri ban mwen lespwa
Pou m' kapab wè demen

Teks ak mizik ©2005, Didier Moïse.

15. ESPRI SEN

REFREN :
Espri Sen, Espri Sen,
Espri Sen
Vini, vini, vini (vini)
Vini desann sou nou

1.
Vini Espri Sen
Vini desann sou nou
Vini geri nou
Vini, vini, vini

2.
Vini Espri Sen
Vini chanje kè nou
Vini delivre nou
Vini, vini, vini

3.
Vini Espri Sen
Vini ban n' plis lanmou
Vini kole tèt nou
Vini, vini, vini

4.
Vini Espri Sen
Vini nan lopital yo
Vin' geri malad yo
Vini, vini, vini

5.
Vini Espri Sen
Vini nan tout fanmi yo
Vini nan mitan yo
Vini, vini, vini

6.
Vini Espri Sen
Vini sou Ayiti O
Vini delivre li
Vini, vini, vini

Teks ak mizik ©2002, Didier Moïse.

16. ESPRI SEN VINI DESANN

Espri Sen, Espri Sen
Vini, vini desann
Espri Sen, Espri Sen
Vini desann sou nou
(2 fwa)

1.
Nou te tande bèl pawòl ou
Men nou pat konn kisa l' vle di
Nou poko fin konnen ou vre
Tanpri desann sou nou

Teks ak mizik ©2003, Didier Moïse.

17. M'AP' DI OU MÈSI

REFREN :
M'ap' di ou mèsi Gran Mèt,
M'ap' di ou mèsi Bondye,
Fò m' di ou mèsi Papa,
Mèsi anpil !

1.
Ou te ban mwen yon Sovè, mèsi !
Ou te ban mwen yon Manman, mèsi !
Ou te ban mwen vokasyon, mèsi !
M' pap janm' sispann di ou mèsi.

2.
Ou te ban mwen yon fanmi, mèsi !
Ou te ban m' yon lafwa solid, mèsi !
Ou te woute m' met' apa, mèsi !
M' pap janm' sispann di ou mèsi.

3.
Ou renmen mwen jan mwen ye, mèsi !
Ou ki toujou la pou mwen, mèsi !
Ou ki geri m' lè m' malad, mèsi !
M' pap janm' sispann di ou mèsi.

Teks ak mizik ©2002, Didier Moïse.

18. MANMAN MARI

REFREN :
Manman Mari, manman cheri
Ou konn' doulè pitit ou yo
Manman Mari, manman cheri
Koute, koute vwa nou

1.
Ou ki renmen Jezi frè nou
Ou pate janm kite Li sèl
Ou te toujou rete avè L'
Manman, manman cheri

2.
Jodi sila nou vin' nan pye ou
N' pa gen pèsòn ki pou soutni n'
Se ou sèl ki kapab kenbe n'
Manman, manman cheri

3.
Tankou timoun ki gen lapèn
N' ape kriye nan pye ou manman
N' kenbe ke rad Manman Mari
Manman, manman cheri

Teks ak mizik ©2004, Didier Moïse.

19. MWEN VINI NAN PYE OU

1.
Mwen vini nan pye ou, Jezi mwen
Pou mwen adore ou, Jezi mwen
Mwen vini nan pye ou, Jezi mwen
Pou mwen renmen ou, Jezi mwen

2.
Mwen vini jwenn ou, Jezi mwen
Tanpri aksepte m', Jezi mwen
Mwen vini jwenn ou, Jezi mwen
Pa vire do ban m', Jezi mwen

3.
Se ou menm mwen vle, Jezi mwen
Wi se ou m' renmen, Jezi mwen
Se ou menm mwen vle, Jezi mwen
Tanpri pa fè m' wont, Jezi mwen

4.
Nanpwen tankou ou, Jezi mwen
Paske se ou k' Rwa, Jezi mwen
Nanpwen tankou ou, Jezi mwen
Se ou ki Sovè m', Jezi mwen

5.
Wi mwen fou pou ou, Jezi mwen
Paske mwen renmen ou, Jezi mwen
Wi mwen fou pou ou, Jezi mwen
Paske ou renmen m', Jezi mwen

6.
Wi m' damou ou anpil, Jezi mwen
Paske 'w ban m' lavi Ou, Jezi mwen
Wi m' damou ou anpil, Jezi mwen
Paske 'w damou m' tou, Jezi mwen

7.
Pa gen non k' pi gran, Jezi mwen
Pase non pa Ou, Jezi mwen
Pa gen non k' pi gran, Jezi mwen
Paske ou k' Bondye, Jezi mwen

8.
Ou mouri pou mwen, Jezi mwen
Pou m' kab gen lavi, Jezi mwen
Ou mouri pou mwen, Jezi mwen
Pou'w te kab sove m', Jezi mwen

9.
Mwen mande ou padon, Jezi mwen
Paske m' ofanse ou, Jezi mwen
Mwen mande ou padon, Jezi mwen
Paske m' te fè ou wont, Jezi mwen

10.
Mwen bezwen chanje, Jezi mwen
Montre mwen kòman, Jezi mwen
Mwen bezwen chanje, Jezi mwen
Wi ban mwen kouraj, Jezi mwen

Teks ak mizik ©2003, Didier Moïse.

20. NOU SE JÈN – WE ARE YOUNG – NOUS SOMMES JEUNES

1.
Nou se jèn
Wi nou se timoun men avni Legliz la se nou menm
Bondye rele nou
Pou n' bati Legliz la
Wi nou jèn men Papa nou se Bondye

We are young
We are the children but the Church's future rest on us
We are called to built
Our Father's Church
We are young but we are God's children

Nous sommes jeunes
Nous sommes des enfants mais l'Église de demain c'est
nous-mêmes
Dieu nous a choisie
Pour bâtir l'Église
Nous sommes jeunes mais notre Père est Dieu

2.
Nou se jèn
N' se pitit Bondye ; nou pare pou n' bati Legliz la
Se nou ki avni
Yon bi bèl Legliz
Nou se jèn men Bondye rele nou

We are young
We are God's children; we're ready to build our Church
We are the future
Of a better Church
We are young but we have been called

3.
Nou se jèn
Men Bondye rele n' pou sèvi L' e pou n' sèvi Legliz nou
N' se pitit Bondye
Nou fè youn ak Kris la
Nou pare pou nou leve Legliz la

We are young
We've been called to serve our God and our Church
We are God's children
We are one with Christ
We are ready to lift our Church

4.
Nou se jèn
Wi nou se timoun men lespwa Legliz la se nou menm
Papa nou rele n'
Pou n' bati Legliz li
Nou se jèn men Bondye renmen nou

We are young
We are the children and the Church's hope is on us
We are called to build
Our Father's Church
We are young but we are loved by God

Teks ak mizik ©2004, Didier Moïse.

21. PADON, PADON

REFREN :
Padon, padon
Padon Gran Mèt
Pitye pou mwen
Padon, padon
Padon, tanpri padone m'

1.
Mwen fè peche
M' vire do ba 'w
Men koulye a
M' tounen nan pye 'w
Mwen fè ou wont
Mwen pa koute 'w
Tanpri Gran Mèt
Padone mwen

2.
Mwen te kite 'w
M'ale byen lwen
Men koulye a
M' tounen nan pye 'w
Tanpri Gran Mèt
Pitye pou mwen
Ban mwen kouraj
Pou m' pa peche

Teks ak mizik ©2003, Didier Moïse.

22. PADON

REFREN :
Padon Bondye
Padon Gran Mèt
Padon Papa
Gen pitye pou mwen
(2 fwa)

1.
Mwen fè sa ki mal
Mwen pa kontrole m'
Mwen pa koute Ou
Mwen vire do ba Ou

2.
Mwen pa obeyi Ou
Mwen pa lapriyè Ou
Mwen pa fè sa k' bon
Mwen vire do ba Ou

3.
Mwen pa rann sèvis
Mwen pa al' Legliz
Mwen pa kontanple Ou
Mwen vire do ba Ou

4.
Mwen pa li Bib La
Mwen pa konfese
Mwen rete nan peche
Mwen vire do ba Ou

5.
Se Ou k' Papa mwen
Se Ou k' Abba mwen
Ou se Papi mwen
Mwen vin' sipliye Ou

Teks ak mizik ©2002, Didier Moïse.

23. PADONE M'

1.
Padome m', tanpri efase peche m'
Gran Mèt pitye, tanpri bliye sa m' fè k' mal
Tanpri Jezi pitye
Tanpri efase peche m'

REFREN :
Chak fwa m' tonbe nan labou
Gran Mèt ou te ranmase m'
Chak fwa m' vire do ba ou
Jezi ou toujou renmen m'
O Bondye Papa
Mwen vle retounen nan pye ou

2.
Jezi sovè m' ou menm ki mouri pou mwen
Jezi Gran Mèt ou sèl ki kab konsole m'
Jezi gran frè m'
Tanpri ede ti frè ou

Teks ak mizik ©2003, Didier Moïse.

24. PITYE

Pitye, pitye, O Gran Mèt
Pitye, pitye, O Jezi
Tanpri pitye

1.
Mwen fè peche Gran Mèt
Mwen se koupab devan ou
Ou menm ki kab geri m'
Tanpri pitye pou mwen
Mwen renmen ou, O Jezi
Ou ki sèl Rwa m', O Gran Mèt
Ou menm ki kab geri m'
Tanpri pran swen mwen

Teks ak mizik ©2004, Didier Moïse.

25. PITYE POU MWEN BONDYE

REFREN :
Pitye pou mwen Bondye
Pitye pou mwen Jezi
Pitye pou mwen Gran Mèt
Mwen rekonèt fot mwen yo
(2 fwa)

1.
Wi mwen koupab devan je ou
Mwen fè tout kalite peche
Wi jodi a m'ap' mande ou padon

2.
Wi mwen fè ou lapèn anpil
Nan tout kalite mechanste m' yo
Tanpri Papa pa voye m' jete

Teks ak mizik ©2003, Didier Moïse.

26. PRIYÈ SEN FRANSWA D' ASIZ

1.
Gran Mèt fè mwen tounen yon zouti kè poze W' la.
Kote k' gen rayisans, fè m' met' renmen.
Kote k' gen moun k'ap fè kichòy, fè m' met' padon.
Kote k' gen dout, fè m' mete lafwa.

2.
Gran Mèt fè mwen tounen yon zouti kè poze W' la.
Kote k' pa gen lespwa, fè m' met esperans.
Kote k' gen fènwa, fè met' limyè Ou la.
Kote k' gen lapèn, fè m' met' kè kontan.
O Mèt mwen, fè mwen pa chèche
Pou yo konsole m', olye m' konsole yo,
Pou yo konprann mwen, olye m' konprann yo,
Pou y' renmen m', olye se mwen k' renmen yo...o o o o o

3.
Gran Mèt fè mwen tounen yon zouti kè poze W' la.
Se lè nou padone, nou jwenn padon,
Se lè nou bay, nou resevwa,
E se lè n' mouri, n'a jwenn lavi etènèl.

Teks ak adaptasyon ©2003, Didier Moïse.
Tradiksyon ak adaptasyon chante « Prayer of St. Francis »
la pa Sebastian Temple.

27. SALVE REGINA (SALI, RÈN SYÈL LA)

1.
Nou salye ou, ou menm ki Rèn,
Ou ki manman kè sansib,
Ou ki lavi nou, kontantman kè nou,
Espwa nou, nou salye ou.

2.
Nou menm ki pitit Adan ak Èv
Nou ki ekzile sou tè mizè sa a,
N'ap plenyen, n' ape rele ba ou,
N'ap kriye nan pye 'w ak dlo nan je nou.

3.
Tanpri souple, ou menm k'ap defann kòz nou,
Montre nou, ou gen bò kè ; voye je ou sou nou.
E lè n'a kite tè sa a montre nou
Jezi bèl Pitit ou fè a,
Ou menm ki vyèj e ki pran ka moun,
Ou menm ki dous, ki gen kè sansib :
O, O, O, O Mari.

Teks ak mizik ©2004, Didier Moïse.
Daprè teks Laten « Salve Regina ».

28. SE OU SÈL KI NAN PANSE M'

1.

Se Ou sèl ki nan panse m', Seyè,
Se Ou sèl ki nan panse m', Seyè,
Se Ou sèl ki nan panse m', Seyè.
Se Ou sèl ki nan panse m'.

(2 fwa)

REFREN :
Paske se Ou menm ki ban m' lavi.
Paske se Ou menm ki fè m' ekziste.
Paske se Ou menm ki afeksyon,
Se Ou k' ban m' lanmou.

2.

Tout kouraj mwen se Ou menm, Seyè,
Tout kouraj mwen se Ou menm, Seyè,
Tout kouraj mwen se Ou menm, Seyè.
Tout kouraj mwen se Ou menm.

3.

Kè kontan mwen se Ou menm, Seyè,
Kè kontan mwen se Ou menm, Seyè,
Kè kontan mwen se Ou menm, Seyè.
Kè kontan mwen se Ou menm.

4.

Tout espwa mwen se Ou menm, Sèyè,
Tout espwa mwen se Ou menm, Sèyè,
Tout espwa mwen se Ou menm, Sèyè.
Tout espwa mwen se Ou menm.

Teks ak adaptasyon ©2002, Didier Moïse.
Tradiksyon ak adaptasyon chante orijinal « Mi
Pensamiento Eres Tú ».

29. SILANS

REFREN :
Silans, se nan silans
Espri Sen pral' vini
Silans, se nan silans
Espri Sen pral' desann
(2 fwa)

1.
Fè silans nan fon kè n'
Fè silans nan Legliz
Fè silans pou Jezi
Kab ban nou sa L' pwomèt la

2.
Si n' bezwen Lespri a
Fòn rete nan silans
Si n' bezwen prezans Li
An n' louvri bra n' ak lafwa

3.
Espri Sen nou bezwen Ou
Nou swaf ou, nou grangou Ou
Espri Sen vini non
Pou n' kab fè youn ak Jezi

4.
Espri Sen louvri kè n'
Espri Sen konble nou
Espri Sen pran vi ou
Fè n' sanble plis ak Papa n'

5.
Espri Sen desann sou nou
Fè n' renmen, jan ou renmen
Espri Sen ban n' kouraj
Pou n' tounen ti bourik Jezi

Teks ak mizik ©2002, Didier Moïse.

30. WOMEN 8

REFREN :
Pou sa yo k' renmen Bondye,
L' rele yo nan sèvis Li,
Tout bagay ap' byen mache pou yo,
Se Bondye menm ki chwazi yo
Pou yo sanble ak Pitit Li a
Ki te vini premye Pitit nan mitan yo.

1.
Kilès ki kab kondane n' ? Sèlman Kris k' mouri pou nou.
Kris ki te leve pou nou, Kris kab priye pou nou.

2.
Devan tout tray sa yo, kisa ankò pou nou ta di ?
Si Bondye pou nou, kilès ki kab kont nou ?

3.
Kisa kab separe nou ak lanmou Kris la ?
Se pa pwoblèm, ni soufrans, ni pèsekisyon.

4.
Kisa kab separe nou ak lanmou Kris la ?
Se pa ni yè, ni jodi a, ni demen si-'Dye-vle.

Teks ak adaptasyon ©2004, Didier Moïse.
Tradiksyon ak adaptasyon chante « Romans VIII » pa Enrico Garzilli.

II. LÒT LAPRIYÈ

WOZÈ A

KÒMANSE ak siy kwa a :

Nan non Papa a, ak Pitit la, ak Espri Sen an.

KREDO APOT YO :

V. Mwen kwè nan Bondye, Papa a ki gen tout pouvwa. Li kreye syèl la ak tè a. Mwen kwè nan Jezi Kri, sèl Pitit Papa a, Li se Gran Mèt nou an. Se pa pouvwa Espri Sen an kò Li vin' fèt nan vant Mari ki vyèj e Li tounen yon moun. Li soufri sou renyn Pons Pilat, yo kloure L' sou kwa a, Li mouri e yo antere Li. Li desann kote mò yo te ye a. Sou twazyèm jou Li leve byen vivan sot nan pami mò yo. Li monte nan syèl la e Li chita adwat Papa a ki gen tout pouvwa. Li gen pou L' retounen pou jije ni moun k' ap' viv, ni moun ki mouri.

R. Mwen kwè nan Espri Sen an. Mwen kwè Legliz la Sen e li la pou tout moun. Mwen kwè tout byen zanmi Bondye yo fè, sèvi lòt yo. Mwen kwè peche yo va jwenn padon. Mwen kwè kò moun ki mouri yo va leve byen vivan. Mwen kwè nan lavi ki pap janm fini an. Amèn.

PAPA NOU (Pater Noster) :

V. Papa nou ki nan syèl la, se pou yo respekte non ou, se pou yo rekonèt se ou ki rwa, se pou volonte ou fèt sou tè a tankou nan syèl la.

R. Pen nou bezwen chak jou a, ban nou li jodi a. Padonnen sa nou fè ou tankou nou padonnen moun ki fè nou kichòy. Pa kite nou pran nan pyèj, men delivre nou ak sa ki mal. Amèn.

MARI SE POU OU KONTAN (Ave Maria) :

V. Mari se pou ou kontan ou menm ki plen favè. Gran Mèt la avèk ou. Li beni ou pase tout fi e Li beni Jezi, pitit ou fè a.

R. Mari ou Sen, ou se manman Bondye, nou se pechè. Lapriyè pou nou jodi a ak lè nou prèt pou nou mouri. Amèn.

VIV PAPA A (Gloria Patri) :

Viv Papa a, ak Pitit la, ak Espri Sen an, depi nan kòmansman, jodi a, ni toulejou, ak pou tout tan k' gen tan. Amèn.

PRIYÈ FATIMA A :

O Jezi mwen, padone peche nou yo, pa kite n' al' boule nan lanfè ; mennen tout nanm yo nan syèl, espesyalman sila yo ki pi bezwen mizerikòd Ou.

SALI RÈN SYÈL LA (Salve, Regina) :

Nou salye ou, ou menm ki rèn, ou k' manman kè sansib,
ou ki lavi nou, kontantman kè nou, espwa nou, nou salye ou.
Nou menm, pitit Èv, nou ki egzile sou tè mizè sa a,
n'ap plenyen, n'ap rele ba ou,
n'ap kriye nan pye ou ak dlo nan je nou.
Tanpri souple, ou menm k'ap defann kòz nou,
montre ou gen bon kè, voye je ou sou nou.
E lè n'a kite tè sa a, montre nou Jezi, bèl Pitit ou fè a,
ou menm ki vyèj e ki pran ka moun,
ou menm ki dous e ki gen kè sansib : O Mari.

MISTÈ WOZÈ YO

MISTÈ KÈ KONTAN (Lendi ak Samdi) :

1. Mesaje Gabriyèl anonse Mari l'ap manman Sovè a (Lik 1 : 26-38).
2. Mari vizite kouzin li, Elizabèt (Lik 1 : 39-45).
3. Mari akouche Jezi nan Bètleyèm (Lik 2 : 6-12).
4. Mari ak Jozèf prezante Jezi nan Kay Sakre a (Lik 2 : 25-32).
5. Mari ak Jozèf jwenn Jezi nan Kay Sakre a (Lik 2 : 41-50).

MISTÈ SOUFRANS (Madi ak Vandredi) :

1. Jezi nan agoni nan jaden Jetsemani (Lik 22 : 39-46).
2. Bouwo yo bat Jezi byen bat (Jan 19 : 1).
3. Yo mete yon kouwòn pikan sou tèt Jezi (Jan 19 : 2-8).
4. Jezi pote kwa li (Jan 19 : 17).
5. Yo kloure Jezi sou kwa a, li mouri (Jan 19 : 23-30).

MISTÈ GLORIYE (Mèkredi ak Dimanch) :

1. Jezi leve byen vivan (Matye 28 : 1-10).
2. Jezi monte nan syèl la (Lik 24 : 45-53).
3. Espri Sen desann sou premye patizan yo (Travay 2 : 1-13).
4. Bondye fè Mari monte nan syèl la ak tout kò li ak tout nanm li (Lik 1 : 46-55).
5. Mari kouwone rèn syèl la ak tè a (Jidit 13 : 18a, 19-20).

MISTÈ LIMYÈ (Jedi) :

1. Batèm Jezi nan larivyè Jouden (Matye 3 : 13-17).
2. Oto-revelasyon Jezi nan yon nòs nan lavil Kana (Jan 2 : 1-12).
3. Jezi anonse Renyn Bondye a ak envitasyon pou konvèzyon (Mak 1 : 14-15).
4. Transfigirasyon Jezi (Lik 9 : 28-36).
5. Jezi enstitye Ekaristi kòm ekspresyon sakremantèl Mistè Pak la (Matye 26 : 26-30).

ANGELUS

V. Anj Gran Mèt la te vin' anonse Mari.
R. Epi li ansent Espri Sen an.
Mari Se Pou Ou Kontan...

V. Men sèvant Gran Mèt la.
R. Se pou sa fèt daprè pawòl ou.
Mari Se Pou Ou Kontan...

V. Epi Pawòl la tounen moun.
R. Epi l' te abite nan mitan nou.
Mari Se Pou Ou Kontan...

V. Priye pou nou, Manman Bondye ki sen.
R. Konsa n'a va merite pwomès Kris la.

An nou lapriyè.
Gran Mèt vide gras ou nan kè nou. Akoz mesaj anj ou a, nou te vin' aprann ke Kris, Pitit ou a, te tounen moun. Konsa, akoz soufrans ak kwa li a, mennen nou nan glwa rezirèksyon lan. Pa pouvwa menm Kris la, Gran Mèt nou an.

R. Amèn.

V. *Angelus Domini nuntiavit Mariae*
R. *Et concepit de Spiritu Sancto.*
Ave Maria...

V. *Ecce ancilla Domini.*
R. *Fiat mihi secundum verbum tuum.*
Ave Maria...

V. *Et Verbum caro factum est.*
R. *Et habitavit in nobis.*

Ave Maria...
V. *Ora pro nobis, sancta Dei Genetrix.*
R. *Ut digni efficiamur promissionibus Christi.*

Oremus.
Gratiam tuam, quaesumus, Domine, mentibus nostris infunde; ut qui, angelo nuntiante, Christi Filii tui incarnationem cognovimus, per passionem eius et crucem ad resurrectionis gloriam perducamur. Per eundem Christum Dominum nostrum.

R. *Amen*

REGINA CÆLI (pou Tan Paskal)

V. Rèn syèl la, fè kè ou kontan. Alelouya.
R. Paske sila a ou te merite pote a. Alelouya.

V. Li leve byen vivan jan l' te di a. Alelouya.
R. Priye Bondye pou nou. Alelouya.

V. Fè kè ou kontan, Vyèj Mari. Alelouya.
R. Paske Gran Mèt la vrèman leve byen vivan. Alelouya.

An nou lapriyè.

O Bondye, ou menm ki bay mond la kè kontan akòz rezirèksyon Pitit ou a Gran Mèt nou an, nou mande ou akòz pouvwa entèsesyon Vyèj Mari Manman li, pou nou jwenn kè kontan lavi k' pap janm fini an. Pa pouvwa menm Kris la Gran Mèt nou an.

R. Amèn.

V. *Regina cæli, lætare. Alleluia*
R. *Quia quem meruisti portare. Alleluia*

V. *Resurrexit, sicut dixit. Alleluia*
R. *Ora pro nobis Deum. Aalleluia.*

V. *Gaude et lætare, Virgo Maria. Alleluia.*
R. *Quia surrexit Dominus vere. Alleluia.*

Oremus.
Deus, qui per resurrectionem Filii tui, Domini nostri Iesu Christi, mundum lætificare dignatus es: præsta, quæsumus, ut per eius Genitricem Virginem Mariam, perpetuæ capiamus gaudia vitæ. Per eundem Christum Dominum nostrum.

R. *Amen.*

MEMORARE

O sonje, ou menm Vyèj Mari ki ret bèl anpil, yo pa janm tande pèsòn ki kouri al' kache nan pwoteksyon ou, sipliye èd ou, oswa chèche lapriyè Bondye ou la, te rete san sekou. Enspire ak konfyans sa a, mwen vini bò kote ou, O Vyèj ki pi bèl pase tout vyèj, Manman mwen ! Mwen vini jwenn ou, devan 'w mwen kanpe, mwen plen peche ak lapèn. O Manman Pawòl ki tounen moun lan, pa meprize rèl mwen yo, men nan kè sansib ou, tande mwen epi reponn mwen. Amèn.

Memorare, o piisima Virgo Maria, non esse auditum a saeculo, quemquam ad tua currentem praesidia, tua implorantem auxilia, tua petentem suffragia esse derelictum. Ego tali animatus confidentia ad te, Virgo Virginum, Mater, curro; ad te venio; coram te gemens peccator assisto. Noli, Mater Verbi, verba mea despicere, sed audi propitia et exaudi. Amen.

O SALUTARIS HOSTIA

O Viktim Sovè, louvri byen gran
Pòt syèl pou nou tout ki la a !
Lenmi n' yo ap' mache sou nou;
Tanpri ede n' ak kouraj Ou.

Nou ba Ou glwa, nou di Ou mèsi
Pou tout tan k' gen tan Sent Trinite ; *
O ban n' lavi k' pap janm fini,
Nan peyi nou ki anwo a. Amèn.

O Salutáris Hóstia
Quae caeli pandas óstium.
Bella premunt hostília;
Da robur fer auxílium.

Uni trinóque Dómino
Sit sempitérna glória:
Qui vitam sine término,
Nobis donet in pátri. Amen.

TANTUM ERGO

An nou mete tèt nou atè,
Byen ba devan Sen Sakreman,
An nou wete ansyen koutim
Pou n' fè plas bay nouvo rit ;
Lafwa n' genyen ap' ede nou,
Wè sa vye je n' pa kab wè.

Pou Papa a k'ap' la tout tan,
Ak Pitit gran chèf anlè a
Ak Espri Sen ki sòt nan chak
Pou tout tan ki gen tan,
Sali, onè, benediksyon,
Glwa ak renyn ki san limit. Amèn.

V.   Ou te ban nou pen ki sot nan syèl (T. P. Alelouya).
R.   Ki gen nan li tout dousè (T. P. Alelouya).

An nou lapriyè.
O Bondye, ki nan bèl Sakreman sa a ke ou kite la pou n' kab
toujou sonje pasyon lan : pèmèt nou, tanpri souple, venere
mistè sakre Kò Ou ak San Ou, pou n' kab toujou konsyan de bèl
kado Redanmsyon Ou la.   Ou men kap viv epi k'ap' kòmande
pou tou tan k' gen tan.
R. Amèn.

Tantum ergo sacraméntum
venerémur cérnui,
et antíquum documéntum
novo cedat rítui;
praestet fides suppleméntum
sénsuum deféctui.

Genitóri Genitóque
laus et jubilátio,
salus, honor, virtus quoque
sit et benedíctio;
procedénti ab utróque
compar sit laudátio. Amen.

V. Panem de cælo præstitísti eis (T.P. Allelúia).
R. **Omne delectaméntum in se habéntem (T.P. Allelúia).**

Orémus.
Deus, qui nobis sub sacraménto mirábili, passiónis tuae
memóriam reliquísti: tríbue, quaésumus, ita nos córporis et
Sánguinis tui sacra mystéria venerári, ut redemptiónis tuae
fructum in nobis iúgiter sentiámus: Qui vivis et regnas in saécula
saeculórum.
R. **Amen.**

LAUDES DIVINAE

Lwanj pou Bondye.
Lwanj pou non Li ki Sen.
Lwanj pou Jezi Kri, Bondye tout bon vre ak moun tout bon vre.
Lwanj pou non Jezi Kri.
Lwanj pou Kè Sakre li a.
Lwanj pou San Presye li a.
Lwanj pou Jezi Kri ki nan Sen Sakreman sou lotèl la.
Lwanj pou Espri Sen, Konsolatè.
Lwanj pou Manman Bondye, Mari ki Sen.
Lwanj pou li ki te Toujou Sen epi ki San Tach.
Lwanj pou Asonmsyon li a.
Lwanj pou non Mari, ki vyèj epi ki manman.
Lwanj pou Sen Jozèf, mari li ki toujou rete chast.
Lwanj pou Bondye nan Anj li yo ak Sen li yo. Amèn.

Benedictus Deus.
Benedictum Nomen Sanctum eius.
Benedictus Iesus Christus, verus Deus et verus homo.
Benedictum Nomen Iesu.
Benedictum Cor eius sacratissimum.
Benedictus Sanguis eius pretiosissimus.
Benedictus Iesus in sanctissimo altaris Sacramento.
Benedictus Sanctus Spiritus, Paraclitus.
Benedicta excelsa Mater Christi, Maria sanctissima.
Benedicta sancta eius et immaculata Conceptio.
Benedicta eius gloriosa Assumptio.
Benedictum nomen Mariae, Virginis et Matris.
Benedictus sanctus Ioseph, eius castissimus Sponsus.
Benedictus Deus in Angelis suis, et in Sanctis suis. Amen.

KÒMAN POU FÈ DEMACH LAPRIYÈ RANKONT AK JEZI (*LECTIO DIVINA*)

1. **Rekeyi** ou, mete tèt ou nan reyalite prezans Bondye. Rele Espri Sen, rele Jezi, panse ak Mari paske Jezi te fèt gras ak entèvansyon Espri Sen nan Mari.

2. **Pran Bib La epi li youn nan pasaj nan Levanjil** yo tou dousman epi reli menm pasaj la ankò tou dousman. Paske nan lekti sa a se yon rankont ou ap' fè ak pèsonalite yo ki an Levanjil la. Sa vle di : ou la nan mitan evenman sa a ou sot li a.

3. Apre sa **pale dirèkteman** ak Jezi (oubyen Mari, oubyen lòt pèsonalite yo). Di Jezi mèsi, fè Jezi konpliman. Fè kòm si Jezi te chita la a avèk ou fas-a-fas.

4. Antre nan **kontanplasyon** total-kapital. Fè silans nan bouch ou, nan lespri ou, nan kè ou, ak nan tèt ou. Admire Jezi nan silans sa a tankou yon amoure. Kite tèt ou, lespri ou avèk kè ou vole ale tankou yon ti papiyon lib, byen lejè.

Ou ka fè plis ke 60 minit nan lapriyè sa a, men pase omwen 30 minit minimòm chak jou.

NÒT AK REFERANS

1. Tout referans *Jounal* Sent Faustyna yo se tradiksyon Kreyòl daprè tèks Anglè ak Fransè ki soti nan 2 liv sa yo: (1) *Divine Mercy In My Soul: Diary of Saint Maria Faustina Kowalska* by Saint Maria Faustina Kowalska (Stockbridge, Massachusetts: Marian Press, 2006) ak (2) *Petit Journal : La Miséricorde Divine dans mon âme* par Sœur M. Faustine Kowalska (Paris: Parole et Dialogue, 2002).

2. Pasaj sa a ansanm ak tout lòt pasaj ak referans biblik sòti nan *Bib La: Pawòl Bondye an Ayisyen* (Port-au-Prince: Société Biblique Haïtienne, 1998).

3. Priyè « Akt Konfyans Nan Divin Mizerikòd La » se tradisksyon Kreyòl daprè tèks Fransè « Acte de Confiance Envers La Divine Miséricorde » ki soti nan *La Divine Miséricorde : Jésus, J'ai Confiance En Toi* (Montréal : Œuvre de Jésus Miséricordieux, 1997).

ENDÈKS

NÒT :

_____

_____

_____

_____

_____

_____

_____

_____

_____

_____

_____

_____

_____

_____

NÒT :

_____

_____

_____

_____

_____

_____

_____

_____

_____

_____

_____

_____

_____

_____

_____

NÒT :

_____

_____

_____

_____

_____

_____

_____

_____

_____

_____

_____

_____

_____

NÒT :

_____

_____

_____

_____

_____

_____

_____

_____

_____

_____

_____

_____

_____

_____

_____

YON TI MO SOU OTÈ A

DIDIER MOÏSE te fèt nan vil Sen-Mak, men li te grandi an Ayiti ak Etazini kote li te pase mwatye ane adolesans li ak tout vi li kòm granmoun. Li se yon layik angaje nan Legliz Katolik, li te pase plis ke dis ane kòm manb komite soutyen nan gwoup priyè karismatik. Moïse devlope yon gran devosyon pou Divin Mizerikòd. Li vwayaje anpil nan plizyè peyi Amerik di Nò, Ewòp, Azi de lès, Endochin, Amerik di Sid ak Amerik Santral. Jodi a, li se yon avantirye, fotograf endepandan, tradiktè litijik, ak konseye fiskal. L' ap' viv tou prè vil New York avèk madanm li epi de pitit fi l' yo. Lè li pap ekri oubyen vwayaje, Moïse renmen fè lekti ak ti moun li yo epi jwe ak yo.